DÉVELOPPEZ L'INTELLIGENCE DE VOTRE ENFANT PAR LA MÉTHODE LA GARANDERIE

Françoise BRISSARD

DÉVELOPPEZ L'INTELLIGENCE DE VOTRE ENFANT PAR LA MÉTHODE LA GARANDERIE

Préface
d'Antoine de la Garanderie

Collection : *Initiative et Formation*

ÉDITIONS DU ROCHER

Jean-Paul BERTRAND
Éditeur

DANS LA MÊME COLLECTION

Aidez votre enfant à apprendre : Ch. Thomas et B. Wiselthier

Aidez votre enfant à réussir : F. Brissard

La réussite de votre enfant, c'est aussi votre affaire Ch. Thomas

Aidez votre enfant en orthographe : C. Causy

ISBN 2-268-00697-2

SOMMAIRE

LISTE DES FICHES PRATIQUES

Pourquoi n'y aurait-il
pas plus d'individus doués
qu'on n'en découvre ?

PRÉFACE

De plus en plus de parents désirent que leurs enfants donnent le meilleur d'eux-mêmes : ils ont raison car il s'agit là d'un facteur primordial de promotion humaine et sociale.

Ils ont l'intuition que leurs enfants possèdent nombre de ressources qui ne sont pas exploitées : c'est de cette constatation que je suis moi-même parti pour m'intéresser aux méthodes de travail de mes élèves, puis porter mon attention sur l'étude des stratégies mentales qui conduisent à la réussite.

Pendant longtemps on a pu croire que la réussite de l'enfant à l'école provenait essentiellement d'aptitudes plus ou moins héréditaires, que la valeur de l'enseignement venait en quelque sorte révéler : seule l'éducation morale revenait à la famille. Or il s'agit là d'une prodigieuse erreur.

L'attention que j'ai portée aux enfants en dialoguant avec eux sur leurs manières d'opérer, en les observant de manière de plus en plus approfondie, me permet d'affirmer ceci : l'intelligence, la mémoire, l'imagination peuvent s'éduquer. Elles doivent être développées dans et par la famille. Il y a en effet, en dehors de tout rapport à une discipline scolaire, des pratiques mentales à exercer qui font mieux qu'éveiller l'enfant à la culture, mais qui lui forment l'esprit en lui faisant acquérir de bonnes habitudes mentales. Ainsi, lorsqu'il arrive à l'école, il sait ce qu'il doit faire mentalement pour être attentif, pour comprendre, pour mémoriser, pour imaginer : l'enseignant peut alors exercer son véritable rôle.

La connaissance de ce savoir-faire mental est un atout essentiel entre les mains des parents comme des pédagogues : grâce à eux, les enfants pourront se l'approprier.

L'objet de ce livre est de le présenter de manière accessible et pratique. Il comble ainsi une grave lacune, en donnant à chacun les moyens d'une véritable éducation.

Antoine de la Garanderie.

LA MÉTHODE
LA GARANDERIE :
Une grande découverte pédagogique

Les grandes idées sont simples. Les grandes idées sont révolutionnaires.

Antoine de la Garanderie a conçu une idée simple, dont la mise au point lui a demandé trente années d'efforts :

Pour que l'intelligence mène à la réussite, il lui faut un mode d'emploi.

Ce mode d'emploi est au cœur de sa découverte : il nous le donne, net et poli par la recherche d'un perfectionnement tel qu'il parvient à la plus grande simplicité.

Vous le constaterez vous-même : vous n'aurez aucun mal à accéder à la méthode proposée par Antoine de la Garanderie. Les principes en sont peu nombreux, et aisés à comprendre ; leurs applications sont multiples, et vous en trouverez certainement vous-même de nouvelles, en fonction de vos centres d'intérêt et de vos projets.

L'idée d'Antoine de la Garanderie est révolutionnaire, parce qu'elle répond de manière décisive aux préoccupations que nous sommes de plus en plus nombreux à ressentir.

Chacun de nous sent bien qu'il utilise ses ressources de manière imparfaite ; qu'il pourrait arriver plus vite à des résultats plus décisifs s'il ne perdait pas une partie de son énergie en chemin.

Chez nos enfants, cette perte de temps et d'efforts est spectaculaire : l'acquis est bien mince, comparé aux années d'étude et au volume des livres et des devoirs. Le parcours scolaire est, pour beaucoup, laborieux ; désastreux pour certains. Aussi venons-nous à douter de tout, et même de l'intelligence de nos enfants.

Or notre époque produit des jeunes gens qui sont, dans leur immense majorité, en bonne santé, vifs, curieux, ouverts aux multiples et passionnantes informations apportées par leur environnement. Pourquoi ne devraient-ils pas profiter de l'enseignement qui leur est dispensé ? et trouver dans leur éducation matière à développer pleinement leurs capacités ?

Tout simplement parce qu'il y a malentendu. D'un côté, les enfants, qui souhaitent apprendre. De l'autre, ceux qui souhaitent leur apprendre. Mais ni les uns ni les autres ne savent *comment on apprend*. D'où un dialogue de sourds épuisant et stérile : on s'agite, on parle, on tremble, on s'inquiète, on espère, on rate, on arrive de justesse. L'éducation relève du bricolage : sans mode d'emploi de l'intelligence, on est condamné à multiplier les essais infructueux pour, parfois, parvenir à faire démarrer la machine. Cahots, grincements, ratés : nos enfants tentent de progresser dans un univers peu sûr, où certains se perdent en route.

Trop de réformes et trop de théories pédagogiques successives et contradictoires ont rendu l'éducation confuse et dispersée. On a perdu de vue les réalités essentielles : que l'éducation est d'abord le ferment d'un développement personnel, et qu'elle doit montrer à l'individu comment apprendre, comment réfléchir, comment mettre en œuvre ses connaissances et ses idées.

Les travaux menés par Antoine de la Garanderie permettent de répondre à ces questions fondamentales. Au-delà du superflu des « programmes » et de l'éphémère des modes pédagogiques, ils traitent la réussite scolaire *par le haut :* la méthode La Garanderie permet à l'individu de progresser en utilisant mieux ses ressources personnelles, à l'école et au-delà.

Face à l'agitation et aux incertitudes d'aujourd'hui, Antoine de la Garanderie nous propose une pensée limpide. Pas d'approximations, rien de fumeux ni de verbeux : il possède à un point rare la *grande classe* de ceux qui s'expriment simplement, parce qu'ils ont le désir sincère de comprendre et de se faire comprendre. Rien de ce qu'il dit ne l'est au hasard : tout doit être expérimenté, vérifié, précisé. Lorsqu'il s'indigne de l'échec scolaire, lorsqu'il parle avec fougue des progrès que chacun peut réaliser, c'est avec la sûreté de celui qui a mené des recherches approfondies, et qui a pu valider ses hypothèses.

Cette tradition de sagesse et de clarté nous fait du bien : elle tranche sur l'obscurantisme *pédago*, elle manifeste un vrai respect du public, des parents et des enfants. Chacun d'entre nous peut comprendre le fonctionnement de sa vie mentale, et en tirer des indications pratiques pour apprendre, pour réfléchir, pour se diriger dans la vie. Nulle pensée n'est plus profondément démocratique que celle d'Antoine de la Garanderie.

Plus moderne aussi : l'époque n'est plus à accumuler des connaissances poussiéreuses, ou à blêmir dans des études au long cours. Autonomie, rapidité, souplesse : telles sont aujourd'hui les qualités à cultiver. La tête doit être bien faite plutôt que bien pleine. Pour réussir, il faut avant tout une très bonne méthode de travail. C'est précisément cette denrée rarissime qu'Antoine de la Garanderie a cultivé patiemment : la voici enfin, mise à la disposition de chacun d'entre vous.

I) LA PÉDAGOGIE EST DEVENUE UNE SCIENCE

En matière d'éducation, on a beaucoup glosé sur les aspects sociologiques et psychologiques de la réussite scolaire : mais ces types d'« explications » se révèlent insuffisants.

Si un enfant ne réussit pas à l'école, ce n'est pas seulement parce qu'il vient d'un milieu social défavorisé, ou parce que son environnement culturel est pauvre . aujourd'hui l'échec scolaire affecte des enfants de tous les milieux, y compris les plus cultivés ou les mieux dotés.

La théorie des « blocages affectifs » est elle aussi insuffisante. On mélange en réalité la cause et l'effet : l'enfant n'est-il pas bloqué ou démotivé simplement parce qu'il se décourage à force de ne pas réussir ?

Ces explications masquent en bonne part la pauvreté qui a jusqu'ici caractérisé l'approche pédagogique proprement dite. Jusqu'à aujourd'hui, personne ou presque ne s'est vraiment posé la question de fond : « Comment s'y prend-on pour apprendre ? » et celle qui l'accompagne : « Comment peut-on apprendre à autrui à apprendre ? ».

Antoine de la Garanderie propose pour la première fois une approche scientifique de cette question fondamentale, en faisant deux hypothèses :

— il existe des structures mentales de l'apprentissage,

— l'expérimentation permet de les décrire et donc de les transmettre.

En clair :

Mon esprit doit, pour apprendre, emprunter des modes de fonctionnement précis. Si je ne les ai pas trouvés tout seul, ou si ceux que je pratique sont imparfaits, je peux les acquérir pour peu qu'on me les indique.

Les centaines de personnes interrogées par Antoine de la Garanderie sur leurs modes de fonctionnement mental ont permis de confirmer ces hypothèses, et d'aboutir à une description rigoureuse des diverses stratégies d'acquisition possibles. Pour la première fois, la démarche d'apprentissage quitte le domaine du mystère ou du miracle pour devenir un objet de science.

Ce faisant, Antoine de la Garanderie répond de manière enfin satisfaisante aux problèmes nouveaux que pose aujourd'hui l'éducation des enfants.

1. La pédagogie ne repose plus sur le seul talent du pédagogue.

Nous sommes loin du temps où l'enfant était pris en charge par un précepteur qui devait à la fois lui apporter un savoir et les éléments d'un art de vivre. Nous ne sommes plus à l'époque où quelques maîtres choisis dispensaient leur science aux enfants que la naissance avait distingués, et qu'une discipline de fer se chargeait de rendre attentifs.

Aujourd'hui, tout le monde va à l'école, puis au collège, et c'est d'ailleurs très bien ainsi. La tâche des maîtres ne s'en trouve pourtant pas facilitée. Dans une institution qui a gardé sa rigidité ancienne, ils se trouvent confrontés à des classes nombreuses, hétérogènes, constituées d'enfants différents par leur âge, leur taille, leur milieu, leurs habitudes et leurs acquis. Bien souvent, leur enseignement ne peut se fonder que sur des moyennes — si ce n'est pas sur le plus petit commun dénominateur. Le seul talent personnel du maître — même s'il reste irremplaçable — ne peut pas résoudre tous les problèmes posés : il doit être relayé par une méthode pédagogique solide, et par les techniques d'application pratique qui en découlent.

La nécessité d'une pédagogie « sérieuse » est accentuée par les conditions de vie qui sont aujourd'hui les nôtres et celles de nos enfants. Nous vivons dans une sorte de tourbillon d'actions, d'images, de mots, le plus souvent désordonnés, qui — il faut l'avouer — ne constitue pas le meilleur terrain pour une éducation digne de ce nom. Trimbalés, bousculés, nos enfants ont du mal à se concentrer sur les messages essentiels ; leur capacité d'attention est fragile, les sollicitations dont ils sont l'objet sont trop fortes. La télévision est loin d'être responsable de tous les maux ; c'est même une source d'informations, et donc de curiosité, exceptionnelle. Mais il est sûr, tout de même, que le cours d'histoire pâtit souvent des soirées passées devant le feuilleton, et que le professeur de biologie parle parfois devant des élèves abrutis de sommeil.

Personne n'est capable d'arrêter le progrès ; il est artificiel de vouloir revenir en arrière ; reste à gérer notre vie moderne de la manière la plus raisonnable pour nous et pour nos enfants ; et surtout à être persuadé de ceci : face à l'émiettement et à l'éclatement de notre vie quotidienne, l'éducation que nous donnons à nos enfants constitue une priorité absolue, qu'il faut traiter avec le plus grand sérieux.

La nécessité d'une méthode pédagogique devient donc primordiale : pour les enseignants, mais aussi pour les parents.

Ceux-ci sentent bien, en effet, qu'ils ont un rôle de plus en plus grand à jouer pour soutenir, compenser, accompagner ce qui est fait à l'école. Le maître ne peut pas s'adresser individuellement aux 30 élèves de sa classe : il ne se rend compte qu'après coup que celui-ci n'a pas compris, que celui-là n'avait pas les bases nécessaires pour suivre. Les parents sont là, heureusement, pour voir, pour entendre, pour sentir ce qui se passe. Ils peuvent jeter un pont entre l'enseignement collectif et la situation particulière de leur enfant. Mais, là encore, la bonne volonté ne suffit pas.

Apprentissage des leçons, exercices d'application, coup de pouce pour les devoirs : les parents se démènent et font de leur mieux. Mais ils se sentent désarmés, et bien souvent désolés : ils se sont agacés ou impatientés alors qu'ils n'auraient pas dû ; la séance s'est terminée par des cris ou par des pleurs ; l'inquiétude augmente chez l'enfant, le sentiment d'impuissance chez les parents.

Pour être utiles, les parents doivent se doter eux aussi d'une méthode pédagogique qui leur permette de comprendre les difficultés de leur enfant et d'y porter remède d'une manière efficace.

2. Les méthodes de travail deviennent plus importantes que les connaissances.

Les connaissances passent et s'oublient ; les méthodes de travail restent.

La « fuite en avant » des connaissances laisse même son empreinte sur les programmes scolaires, dont l'évolution nous laisse parfois stupéfaits. Ne dit-on pas que le programme actuel de mathématiques en terminale correspond à ce que l'on apprenait naguère en « mathématiques spéciales » ?

Les professeurs de lycée — parfois même de collège — ont reçu avant tout une formation de spécialistes. Par contre, leur formation pédagogique est quasi-inexistante. Ils se trouvent dans une situation impossible : porteurs d'un savoir élaboré, devant enseigner un programme ambitieux à des élèves qui, pour beaucoup, ne savent ni apprendre ni travailler.

Les appréciations des bulletins scolaires sont éloquentes : « manque de méthode », « manque de rigueur dans son travail » soulignent les professeurs. Mais où diable les enfants sont-ils censés avoir acquis ces bonnes méthodes ? Chaque professeur a son programme à « tenir » : on espère toujours que la « méthode » a été transmise par le professeur précédent, ou par celui d'à côté. Miracle qui, bien entendu, ne se produit jamais, car les professeurs eux-mêmes n'ont pas été formés à enseigner de la méthode.

Ce devrait pourtant être la « matière » fondamentale de notre enseignement. Qu'est-ce qui fait réussir examens et concours ? Une bonne méthode de travail. Quelle est la qualité professionnelle la plus recherchée ? Une bonne méthode de travail. De toutes manières, bien des connaissances apprises à l'école seront périmées dans 10 ans, encore plus dans 25. La seule valeur sûre pour réussir dans la vie professionnelle reste la capacité à raisonner, à aborder correctement un problème, à utiliser des démarches fiables, à garder l'esprit ouvert. Les connaissances encyclopédiques sont rarement utiles : elles dépassent en fait, aujourd'hui, par leur quantité et leur sophistication, le pouvoir d'assimilation de la plupart d'entre nous.

Encore faut-il une méthode pour acquérir « de la méthode ».

Celle-ci n'est pas innée, même si certains en découvrent plus aisément que d'autres les ressorts. Une approche scientifique et pratique est aujourd'hui nécessaire pour rendre accessible à tous cet entraînement de l'esprit.

3. La conception que nous avons aujourd'hui de l'éducation est ambitieuse.

Le Ministère de l'Instruction Publique a été remplacé par celui de l'Education Nationale, et ce changement de termes est symptomatique. Nous voulons pour nos enfants une tête bien pleine, mais aussi une tête bien faite

La traditionnelle répartition des rôles entre l'école qui prodigue l'instruction et les parents qui ont en charge l'éducation est, plus que jamais, une vue de l'esprit. L'école est, qu'elle le veuille ou non, un lieu de formation au sens global du terme ; et la famille participe aussi à l'acquisition des connaissances. Les différents volets de la formation d'un individu ne sont pas dissociables.

Cette formation est devenue nécessairement très élaborée : la barre de la réussite professionnelle et sociale est aujourd'hui placée haut. Dans des entreprises modernisées, dotées d'outils informatiques, de programmes sophistiqués, qui doivent se mesurer aux meilleures sur le marché international, il n'y a plus place pour des exécutants « bas de gamme ». Chaque emploi nécessite une qualification et une capacité à réfléchir qui, seule, permettra l'intégration dans un système que l'on souhaite huilé. Trop d'entreprises ont actuellement des « semelles de plomb » parce que certains de leurs collaborateurs sont à la traîne : si l'employé ne sait pas remplir un bordereau de manière lisible et exacte, la saisie informatique ne se fera pas correctement, ou se fera dans des conditions aberrantes, s'il faut prendre le temps de vérifier chaque donnée ! Cet exemple extrême — je l'ai rencontré dans une entreprise de Lorraine — est caractéristique de ce qui existe encore aujourd'hui, mais qui sera inconcevable demain.

Nous souhaitons à nos enfants une vie professionnelle réussie et heureuse, et nous voulons leur en donner les moyens. Il n'est plus question de dire d'une fille : « de toutes manières elle se mariera » ou d'un garçon : « n'importe, il entrera dans l'affaire de son père ». Ils devront être autonomes, capables, et l'être sans nous.

Le confort que nous offrons actuellement à nos enfants est un cadeau empoisonné : sommes-nous sûrs qu'ils pourront connaître le même ? Comment réagiront-ils s'ils ont le sentiment de rétrograder, ne serait-ce que dans leur niveau de vie ? Autant de questions que nous nous posons si nous sommes lucides, et qui plaident pour une formation exigeante et solide. Formation que nous souhaitons leur voir dispensée à l'école : mais que nous sommes les seuls en réalité à pouvoir rendre complète, harmonieuse, et adaptée au monde dans lequel ils devront évoluer.

Les parents d'aujourd'hui demandent à l'école une pédagogie forte : elle doit à leurs yeux apporter à leurs enfants des connaissances, mais aussi les préparer à la vie active et à la vie tout court. La tâche des enseignants s'alourdit ainsi sans cesse, comme le montre une récente enquête du Point*. A la question « Quelles sont les trois qualités que doit posséder un professeur ? », les réponses placent nettement en tête la trilogie pédagogie-savoir-autorité :

---

* Sondage réalisé durant le mois de décembre 1987 par l'Institut Infométrie auprès d'un échantillon de 1 000 personnes représentatives de la population française, et publié dans le n° 801 du Point. 25 janvier 1988.

la capacité de bien expliquer	68,8 %
le savoir	53,6 %
l'autorité	53,4 %
le sens du contact	48,8 %
la capacité de susciter l'intérêt	45,3 %
l'ouverture sur la société	16,2 %
ne se prononcent pas	18 %

Bien sûr les enfants doivent apprendre les mathématiques et passer leurs examens. Mais on sait bien que le véritable challenge n'est plus le bac, mais l'accès à la vie professionnelle dans de bonnes conditions : la réussite personnelle en dépend largement.

Une enquête réalisée en 1985 par notre association laissait déjà entrevoir ce déplacement de point de vue. Nous avions cherché à repérer les objectifs assignés à l'école : par les parents, par les enfants, par les professeurs.

Des enquêtes analogues conduites en Angleterre et en Belgique permettaient d'utiles comparaisons. On trouvera à la fin de ce livre, à l'intention des parents que cette réflexion intéresse, le détail des résultats et les commentaires qui en découlent. Retenons simplement, pour l'instant, quatre faits importants :

— parmi les 10 objectifs prioritaires sélectionnés par parents, élèves et enseignants, la moitié sont de type cognitif et la moitié de type affectif.

— 70 % des parents-enseignants-élèves estiment que « s'habituer à prendre des responsabilités » est très important : c'est la proposition qui arrive en première place aux yeux des parents.

— l'objectif le plus souvent cité en 1re place par les trois parties est : « se former un caractère et une personnalité ».

— aucun objectif ne paraît vraiment atteint aux yeux des adultes : pour les 3/4 des parents et des enseignants, les objectifs affectifs ne sont pas atteints ; pour les 2/3, les objectifs cognitifs ne le sont pas non plus.

Même en faisant la part de l'exagération critique à laquelle peut inciter une telle enquête, on reste frappé par un constat : l'école seule ne peut assurer la formation d'un enfant, d'autant que les objectifs assignés sont aujourd'hui plus ambitieux que jamais. Ce constat ouvre sur deux conséquences pratiques :

1. Les parents doivent prendre une part importante dans la formation de leurs enfants : pour relayer l'école, compenser le cas échéant ses faiblesses, solidifier les acquis, faire converger les apprentissages épars vers une formation cohérente.

2. Une démarche pédagogique réellement efficace est nécessaire aux enseignants comme aux parents : leurs ambitions légitimes impliquent une méthode. L'empirisme et la bonne volonté, le savoir même ne suffisent plus. Il est temps d'accéder en pédagogie à un véritable professionnalisme.

C'est pourquoi la « révolution » apportée par la méthode d'Antoine de la Garanderie à la démarche éducative vient à point nommé.

Seule la recherche scientifique a su vaincre la poliomiélyte et la tuberculose, en découvrant la vaccination et la pénicilline. Pour combattre le cancer et le SIDA, c'est à elle que nous faisons confiance, et non à des artisans ou à des charlatans. De la même manière, c'est d'une recherche scientifique dont nous avons besoin pour comprendre le fonctionnement de notre cerveau comme celui de notre vie mentale.

4. Une démarche scientifique de trente années au service de l'enfant :

La démarche d'Antoine de la Garanderie est celle de toutes les grandes découvertes scientifiques :

1. L'observation « naïve » de la réalité conduit à se poser des questions dont on ne s'était jusque-là guère soucié.

Pourquoi, parmi des enfants qui semblent tous, à 4/5 ans, vifs et intelligents, certains réussiront-ils et d'autres pas ? Qu'est-ce qui différencie vraiment un bon élève et un mauvais élève ? Qu'est-ce vraiment que le don, ou l'aptitude ? Qu'appelle-t-on l'intelligence ?

2. L'intuition d'une découverte possible amène à systématiser son observation et sa réflexion.

Dans son ouvrage initial, « Les profils pédagogiques », Antoine de la Garanderie relate les observations effectuées sur ses propres élèves, et la source de son « doute » : des conseils pédagogiques de méthode étaient possibles ; ils semblaient ouvrir à chacun de nouveaux horizons sur ses procédures de travail personnel ; des résultats s'ensuivaient de manière manifeste. L'« aptitude » était donc davantage un résultat qu'une condition de départ.

3. Des hypothèses s'élaborent : elles vont pouvoir être vérifiées.

Deux hypothèses essentielles guident le travail d'Antoine de la Garanderie ·

— il existe des structures mentales de l'apprentissage,

— elles sont transmissibles.

4. Une expérimentation longue et patiente valide les hypothèses et les affine.

Une première expérimentation est conduite sur le « cracks » de l'Ecole Sainte-Geneviève : il s'agit de repérer et de décrire avec méthode les procédures mentales utilisées par ceux qui réussissent.

Des centaines de « profils pédagogiques », réalisés sur des dizaines d'années, viennent confirmer les hypothèses émises.

5. Une théorie est découverte : elle comprend des modèles et des lois.

Une loi pédagogique fondamentale : pour apprendre et pour comprendre, on a besoin d'images mentales.

Des modèles : ces images mentales pouvant être visuelles ou verbales, il existe plusieurs stratégies mentales possibles, que l'on peut décrire.

Un vaste champ d'applications pratiques mises

à la disposition du grand public, et qui apportent des progrès décisifs dans ce domaine-clef qu'est l'éducation.

La dimension scientifique ne doit pas nous faire peur. Bien au contraire, elle nous apporte des garanties exceptionnelles, à la fois sur le plan de la qualité et sur celui des possibilités d'application.

Parce qu'elle rend possible une attitude rationnelle devant l'éducation, elle nous délivre des a-priori ou des théories fumeuses qui nous encombrent l'esprit. Pour justifier nos propres difficultés, et celles que nos enfants rencontrent dans leur parcours éducatif, nous nous sommes bien souvent forgé des alibis : celui du don, celui du blocage psychologique, celui de la fatalité. Si l'on ne réussit pas en mathématiques, l'explication est simple : on n'est pas doué. Inutile d'insister : on ne le sera jamais. Si l'on fait des fautes d'orthographe, c'est que l'on a enfoui au fond de soi les chocs psychologiques subis dans sa petite enfance : la thérapeutique sera longue et douloureuse. Si l'on est incapable de retenir des dates, c'est que personne n'a su le faire dans sa famille : une destinée cruelle pèse de génération en génération ! En nous réside hélas souvent une peur de la réussite, et de la prise de responsabilité qui l'accompagne. Or la réussite est possible si l'on s'en donne les moyens, si l'on cesse de se cacher derrière des écrans de fumée, si l'on cherche vraiment à comprendre et à agir.

Une démarche scientifique se préoccupe d'abord

de comprendre, avant de proposer des solutions. En ceci, elle nous ouvre un champ d'applications beaucoup plus vaste. Si nous comprenons comment fonctionnent nos processus d'apprentissage, si l'on nous montre du doigt ce qui est de nature à les favoriser, ou au contraire à les rendre éphémères ou confus, alors nous nous sentirons véritablement armés. Les difficultés que rencontrent nos enfants — comme d'ailleurs leurs succès — ne sont plus un mystère ou le fruit du seul hasard. En ayant la capacité d'analyser la manière dont ils opèrent, nous en repérons le caractère propre et les lacunes : après un bon diagnostic, le remède n'est jamais très loin.

Tout individu normalement constitué doit pouvoir s'approprier des connaissances et des savoir-faire : l'expérimentation l'a montré. Le succès ou l'échec, dans tous les domaines, dépendent des moyens employés : s'ils sont inadaptés, les chances de réussite sont faibles ; s'ils sont performants, une réussite minimale est assurée. Bien sûr, il existe des individus plus « doués » que d'autres : mais ce « coefficient personnel » n'intervient qu'au-delà d'un seuil de compréhension et d'application ouvert à tous. Soyons donc à la fois lucides et positifs : nos enfants peuvent réussir, à l'école et ailleurs. C'est notre responsabilité de leur en donner les moyens. La méthode La Garanderie nous ouvre les yeux : elle nous incite à comprendre et à agir.

II) COMMENT ANTOINE DE LA GARANDERIE A DÉCOUVERT SA MÉTHODE

Comme beaucoup de grandes découvertes, celle d'Antoine de la Garanderie s'est faite, au départ, à partir de son expérience personnelle, d'ailleurs assez singulière.

Enfant mal entendant et pourtant « auditif », il a rencontré de grosses difficultés dans son parcours scolaire : sa surdité n'étant pas reconnue par les spécialistes — tout au plus lui attribuait-on des « ennuis d'oreille », censés s'arranger avec le temps — toutes les causes extérieures et psychologiques de ses difficultés et de ses mauvais résultats furent mises en avant : changement d'établissement, étourderie, goût exclusif du sport, penchant à la paresse. C'est à un enseignant remarquable d'intelligence et d'attention — qui lui communiquait sur ses cours des notes écrites — qu'il doit d'avoir pu passer son baccalauréat et faire des études supérieures.

Antoine de la Garanderie a donc connu une forme extrême de « handicap pédagogique ». D'autant plus que, nous l'avons dit, il était « auditif ». Ouvrons dès maintenant une parenthèse pour expliquer cette notion paradoxale sur laquelle nous reviendrons en détail. Un « auditif » est quelqu'un qui, pour comprendre et retenir, a besoin de se redire ce qu'il a vu ou ce qu'il a entendu. Il s'agit là de son mode de fonctionnement mental et non de son mode de perception favori. C'est ainsi qu'un individu sourd peut parfaitement avoir des habitudes d'évocation auditives : il se donne un discours intérieur pour intégrer ce qu'il perçoit.

On imagine néanmoins quelles difficultés peut générer une telle situation. L'enfant auditif, pour se répéter ce qu'il capte, doit faire des efforts démesurés si des pans entiers du discours qu'on tient lui échappent. Son énergie disponible passe presque entièrement à combler les « blancs », à rétablir la succession des idées, à deviner le sens malgré les mots manquants : il n'en a presque plus pour comprendre et pour réfléchir. Aussi Antoine de la Garanderie, adolescent, apprenait-il comme une brute, rabâchant ses leçons, ratant ses devoirs dans presque toutes les matières. En somme, un enfant bien peu intelligent...

De cette expérience douloureuse, Antoine de la Garanderie a tiré le goût de se battre contre l'injustice : celle en particulier qui condamne certains enfants à l'échec scolaire. Il sait, pour l'avoir éprouvé, ce que représente pour un enfant le fait de ne pas réussir à l'école : à quelles incompréhensions, à quel découragement, à quel désespoir parfois cela peut le mener. Il faut avoir soi-même été jugé « inapte » pour comprendre ce que cela peut représenter pour les autres.

Son cas personnel lui a surtout montré comment se forme une « erreur pédagogique » et ses conséquences : lorsqu'un enfant rencontre des difficultés scolaires, toutes sortes d'« explications » apparaissent aussitôt pour masquer la réalité et empêcher de trouver des solutions. Le premier mouvement des adultes — professeurs en tête — consiste à voir dans la psychologie de l'enfant ou son environnement la cause du mal : comme on ne pourra modifier vraisemblablement ni l'un ni l'autre, on se sent autorisé à baisser les bras ! Pas d'analyse rationnelle du cas, pas d'observation, pas de diagnostic et donc pas de remède. Or la carrière ultérieure d'Antoine de la Garanderie a montré — est-il utile de le préciser ? — que les remèdes étaient possibles : il a fallu un « coup de chance » — un professeur plus observateur et moins soumis aux a-priori — pour que la réussite scolaire se déclenche.

Antoine de la Garanderie est donc devenu professeur. Il a enseigné la philosophie dans des établissements privés : à Saint-Jean-de-Béthune d'abord — dont le Directeur avait eu assez d'intelligence pour imaginer de recruter un professeur sourd ! — puis à l'Ecole Sainte-Geneviève, où il enseigna dans les classes préparatoires aux grandes écoles. Il a assuré un cours de philosophie à la Faculté des Lettres de l'Institut Catholique de Paris. Très vite, il se passionne pour l'observation des méthodes de travail. Les « préparationnaires » lui offrent de ce point de vue un sujet d'étude privilégié. Tout le monde sait en effet que pour réussir un concours de grande école, ce ne sont pas les connaissances qui « font la différence » mais la manière de s'en servir : rapidité d'assimilation et de réflexion, sûreté dans l'application et la construction. Or, Antoine de la Garanderie a une idée originale : il se dit que l'observation des élèves qui réussissent lui apprendra quelque chose en matière de pédagogie, quelque chose qui pourrait éventuellement être transmis aux autres. En somme, les cracks peuvent aider à « découvrir la pédagogie » pour peu qu'on le leur demande : reste à les observer, à les questionner sur la manière dont ils s'y prennent pour réussir.

C'est à quoi s'emploie Antoine de la Garanderie avec une curiosité et une passion grandissantes. Et il découvre, au cours de ces entretiens, des vérités simples mais extraordinaires :

— le succès entraîne le succès. Un bon élève réussit d'autant mieux qu'il a en lui la confiance puisée dans les succès passés,

— la réussite est la conséquence de méthodes très précises dont un bon élève a pris l'habitude, et qui le rendent plus performant,

— il existe plusieurs types de méthodes personnelles de travail : chacune ne convient pas à tous.

Ainsi, si l'on sait repérer chez les très bons élèves les méthodes qu'ils utilisent pour gérer leur travail scolaire — et qui sont au cœur même de leur réussite — peut-être pourra-t-on les décrire, les ordonner, et les rendre disponibles pour d'autres. C'est, aux yeux d'Antoine de la Garanderie, tout le sens de la pédagogie. Probablement les « cracks » n'ont-ils pas une conscience claire des procédés qu'ils utilisent : c'est au pédagogue, par un travail patient d'observation et de questionnement, de les mettre en lumière et d'en tirer des modèles.

La première forme du « dialogue pédagogique » — qu'Antoine de la Garanderie s'emploierait plus tard à perfectionner — était ainsi inventée : il s'agissait d'interroger l'élève avec un grand souci de précision sur la manière dont il s'y prend pour opérer, dans les domaines où il est le plus à l'aise.

Curieusement, le dialogue semblait permettre aux « cracks » d'aller encore plus loin dans leurs possibilités : le fait même de prendre conscience clairement des procédés qu'ils utilisaient de manière spontanée leur permettait d'en faire encore un meilleur usage.

Restait à savoir si ces renseignements étaient transmissibles, si le « dialogue pédagogique » pouvait être également utile à des élèves moyens, si les méthodes de travail des meilleurs pouvaient avoir un sens pour les plus faibles.

Antoine de la Garanderie put tenter l'expérience à l'école Saint-Thomas, à Paris, où on lui confia un groupe d'élèves de 3e en difficulté scolaire. Elle prit la forme de réunions hebdomadaires de 2 h, centrées exclusivement sur les méthodes personnelles de travail. Il s'agissait à nouveau d'inviter chaque élève à explorer ses procédures mentales, de l'y aider et de l'amener à les comparer à celles des autres. Non seulement ce dialogue pédagogique permit de « remettre en selle » ces adolescents, mais il conforta les conclusions tirées de l'observation des élèves de

« prépa » : la prise de conscience de ses habitudes mentales permet de comprendre pourquoi on réussit et pourquoi on rate ; elle aide à voir comment s'améliorer ; cette manière nouvelle d'envisager le travail scolaire redonne confiance, et crée le sentiment que l'on peut progresser.

Au terme de cette série d'expériences, deux conclusions importantes se faisaient jour, qui allaient conduire Antoine de la Garanderie à pousser plus loin ses recherches :

1. Chacun de nous a recours à des procédés habituels, toujours les mêmes, pour apprendre et pour comprendre : et ce, quelle que soit la matière ou le sujet. Même si, dans certains cas, nous utilisons des « procédés secondaires », nous revenons toujours naturellement vers une sorte de « langue maternelle mentale » dès qu'une difficulté se présente.

2. Il existe deux grandes « familles pédagogiques » correspondant aux deux langues maternelles possibles : visuelle et auditive. Chaque individu se range, avec des nuances, dans l'une de ces deux familles. Par contre, il peut acquérir l'habitude d'utiliser la « langue secondaire » : tous les très bons élèves pratiquent les deux « langues » et en retirent une grande sûreté et une grande capacité à réussir.

Ces deux découvertes ne pouvaient manquer d'intéresser les enseignants : très vite furent constitués des séminaires de recherche où Antoine de la Garanderie invita des professeurs à prendre conscience de leurs méthodes professionnelles de travail ; il deve-

Les deux « langues maternelles »

Chacun de nous a contracté très tôt des habitudes pour faire fonctionner son esprit. A partir des données que nous percevons, notre cerveau effectue un travail qui permettra de les stocker et de les utiliser. Ce travail peut s'effectuer de deux manières :

« Langue maternelle auditive (ou verbale) » : par réitération sous forme de langage intérieur. Pour comprendre et pour assimiler, je me redis ce que je vois ou ce que j'entends : je me tiens un discours, je me fais des commentaires, ou je réentends ceux du professeur.

« Langue maternelle visuelle » : par représentation visuelle sous forme d'images. Pour comprendre et pour assimiler, je me donne des images à partir de ce que j'ai vu ou entendu : je vois ou je revois dans ma tête.

Imaginez que vous venez de visiter un musée en famille : vous parlez ensuite entre vous de ce qui vous a frappé. Peut-être avez-vous gardé en tête les images des tableaux, des sculptures ou de l'architecture : vous les revoyez sans difficulté, et c'est à partir de ces images « évoquées » que vous pourrez donner votre impression. Peut-être au contraire avez-vous beaucoup de mal à « revoir » : ce qui vous vient spontanément à l'esprit, ce sont certains commentaires du guide, ou les commentaires que vous vous êtes faits à vous-même devant telle œuvre. Ne vous étonnez pas si votre conjoint, ou tel de vos enfants, ne réagit pas comme vous : peut-être a-t-il beaucoup de mal à raconter ses impressions, et cela vous agace ; cela ne l empêche pas d'avoir stocké des images qui l'auront intéressé. Peut-être au contraire se montre-t-il incapable de revoir comme vous tel détail caractéristique : sa mémoire a fonctionné autrement ; elle a emmagasiné des mots pour qualifier des impressions.

* Il existe une nuance entre un « auditif » et un « verbal » : l'auditif réentend les explications qui lui ont été données, le verbal se les redit.

nait évident que celles-ci avaient des implications directes sur leur enseignement.

On enseigne comme on a l'habitude d'apprendre : celui qui a besoin de beaucoup d'explications donne beaucoup d'explications ; celui qui a besoin de visualiser présente des images. A chaque fois, une moitié de la classe ne suit pas : l'enseignant ne sait pas lui parler dans sa « langue maternelle ». Il faut donc, pour que tous les élèves puissent comprendre et retenir, recourir à un double mode de présentation qui puisse solliciter à la fois les habitudes d'évocation visuelles et auditives.

De nombreux « mystères pédagogiques » étaient enfin résolus : en particulier la fameuse querelle sur la « méthode globale » pour l'apprentissage de la lecture. Depuis quelques années, chacun sait qu'on lui attribue tous les maux dont souffre l'orthographe de nos enfants, après en avoir fait une panacée et une révolution pédagogique essentielle. Les découvertes d'Antoine de la Garanderie montrent, tout simplement, qu'elle est inadaptée au mode de fonctionnement mental de certains enfants, alors qu'elle convient très bien à d'autres. Il est clair que les instituteurs doivent utiliser une méthode diversifiée qui combine l'approche « globale », utile pour les élèves très « visuels » et l'approche « syllabique », indispensable aux élèves verbaux. L'apprentissage de l'orthographe — dont on constate aujourd'hui les carences — se trouve éclairé de manière spectaculaire par les découvertes d'Antoine de la Garanderie.

Que penser de la « méthode globale » ?

Tout simplement ceci : elle convient bien aux élèves « visuels » ; elle est catastrophique pour les enfants « verbaux ».

La méthode dite « globale » d'apprentissage de la lecture invite l'enfant à retenir l'image globale du mot. Un enfant qui a pris l'habitude de se donner des images dans sa tête pourra effectivement « revoir », sans erreur, l'ensemble du mot qu'on lui aura, par exemple, écrit au tableau. Il ne saura pas l'analyser, mais pourra le reproduire, à la demande, d'une manière exacte.

Par contre, un enfant qui a l'habitude de se redire ce qu'il perçoit ne « reverra » rien du tout. Il ne peut retenir avec exactitude sans analyser les lettres qui composent le mot et se les redire dans l'ordre. La méthode globale a sur lui des effets déplorables, au point de perturber gravement son orthographe.

En somme, il n'y a que deux manières de retenir l'orthographe d'un mot :

— soit le revoir dans sa tête : je regarde au tableau, ou sur le livre, le mot POISSON, et je le « photographie » ; je ferme les yeux et je m'en redonne l'image ; je rouvre les yeux pour vérifier, en regardant l'original, que mon image est exacte ; je forme le projet, chaque fois que je rencontrerai ce mot, de me redonner cette image ;

— soit l'épeler intérieurement : je regarde le mot POISSON et je l'épelle : P.O.I.2S.O.N ; je ferme les yeux et je me redonne le mot entier et son épellation ; je vérifie sa justesse ; chaque fois que ce mot apparaîtra, je me redirai : POISSON = P.O.I.2S.O.N.

Restait à franchir l'étape la plus originale et la plus subtile de cette aventure au cœur de notre vie mentale : celle qui conduit à l'invention du *profil pédagogique* dont nous reparlerons plus loin dans le détail.

Certes, il existe deux grandes familles d'habitudes mentales, et leur découverte suffit déjà à améliorer de manière décisive l'efficacité pédagogique. Mais, si l'on se place non plus du point de vue de la classe, mais du point de vue de l'individu, et de son développement personnel, l'analyse peut devenir plus fine, plus précise, plus intéressante. Chacun de nous utilise une habitude mentale majeure (celle que nous avons appelé tout à l'heure sa « langue maternelle ») : mais il peut le faire d'une infinité de manières, à plein ou de façon désorganisée, en y joignant ou non des procédures « secondaires », dans certains domaines et pas dans d'autres. Tracer avec finesse le portrait « mental » d'un individu permettrait de repérer ses lacunes et ses potentialités inexploitées, bref de l'amener à travailler sur lui-même et à trouver en lui les ressources de sa propre évolution : c'est donner à tous la possibilité de s'élever.

Antoine de la Garanderie met petit à petit au point une méthode d'investigation des procédures utilisées par l'individu dans les différents domaines de sa vie mentale. Il distingue différents paramètres qui vont des opérations mentales simples aux opérations complexes. Puis il se met au travail : il interroge, au fil des années, des centaines de personnes, dans sa famille — nombreuse —, parmi ses élèves, dans ses relations. Il questionne des enfants et des adultes, des « intellectuels » et des sportifs : la *gestion mentale* des champions l'a toujours passionné ; il fait l'hypothèse qu'outre des qualités physiques remarquables, le sportif de haut niveau l'emporte par sa préparation mentale. On commence à venir le consulter pour des enfants en difficulté scolaire : l'exploration méthodique de leurs modes opératoires dessine en effet un « profil » qui met en évidence les lacunes et surtout la cause de ces lacunes. Bien souvent, la précision du diagnostic, construit avec l'aide de l'enfant, suffit à le faire repartir *du bon pied* : enfin il sait ce qu'il ne fait pas bien, et ce qu'il doit exactement faire pour réussir ! Parfois, même les résultats dépassent les espérances : tel élève médiocre devient brillant ; tel enfant, jugé « inapte au travail intellectuel » reprend ses études et passe haut la main le cap du baccalauréat.

Tout en rendant des services concrets, Antoine de la Garanderie prend des notes et emmagasine des cas. Il voit ainsi défiler des quantités d'individus aux personnalités fort différentes, et dont la *gestion mentale* constitue à chaque fois un cas particulier : mais un cas que sa méthode d'investigation peut toujours décrypter et analyser ; qui peut toujours être décrit au travers des catégories et des concepts qu'il a établis ; auquel on peut toujours donner des conseils pédagogiques précis et fondés

C'est l'habitude qui crée l'aptitude : les profils

pédagogiques ainsi réalisés permettent de valider cette intuition. En regardant le « profil » qui dessine les particularités de la gestion mentale d'un individu, on peut à coup sûr augurer de ses aptitudes : on sait d'avance que celui-ci sera « doué » en orthographe d'usage et en histoire, mais peinera en géométrie et en sciences expérimentales. Chaque fois, le diagnostic s'impose avec l'évidence de la logique. Le succès ou l'échec constituent des conséquences nécessaires de telle ou telle habitude mentale.

C'est en constatant cette sorte de « fatalité » que l'on peut, paradoxalement, en supprimer la cause : parce qu'enfin on y voit clair, on pourra ne plus subir, mais agir.

Le témoignage de Jean-Claude Killy

Jean-Claude Killy apporte un témoignage passionnant sur la manière dont il se préparait à une compétition. A l'entraînement physique et technique il associait une préparation mentale : celle-ci consistait à faire défiler dans sa tête, à toute vitesse, le parcours du slalom. Il se représentait le détail des portes, de la piste, et de ses propres mouvements pour aborder chaque difficulté. Le jour où il s'est rendu compte qu'il n'était plus capable d'effectuer ce travail mental 100 fois de suite, avec rapidité et précision, il a arrêté la compétition.

Antoine de la Garanderie se sert d'ailleurs, sur lui-même, de ses propres découvertes. Alors qu'il n'a usé, pendant toute une partie de sa vie, que de sa « langue maternelle » auditive, le voici qui acquiert petit à petit des habitudes d'évocation visuelle — qu'il gère aujourd'hui avec tout autant de maîtrise que ses habitudes premières. Et il devient, par exemple, plus habile — alors que sa maladresse était proverbiale —, plus apte à se souvenir de certains faits, plus à l'aise dans la communication de certaines idées.

La « méthode La Garanderie » est aujourd'hui parfaitement au point. Ses concepts ont résisté à l'épreuve de la critique et de l'expérience ; sa démarche est établie de manière optimale ; ses résultats ont été prouvés cas après cas. Après de longues années de recherche « en laboratoire », elle s'adresse à chacun de nous pour lui proposer de développer ses capacités : elle nous permet de tirer pleinement parti de ce que nous sommes, et d'aider nos enfants à le faire à leur tour.

III) LES BASES DE LA MÉTHODE LA GARANDERIE : LES BONS GESTES MENTAUX

Geste mental, l'expression peut paraître abstraite : comme l'apprentissage se passe dans notre tête, nous pensons que l'on ne peut pas en décrire le mécanisme. Il n'en est rien : on peut observer nos gestes mentaux comme nos gestes physiques.

Lorsqu'on débute dans un sport, on vous apprend les gestes à faire pour tenir une raquette, virer à skis, ou guider un cheval.

Il y a aussi des gestes à faire pour apprendre : et il est tout aussi difficile et long de les inventer tout seul. On peut sans doute apprendre à nager sans aucun conseil : à force de « boire la tasse », on inventera plus ou moins adroitement les mouvements à faire pour tenir sur l'eau et pour avancer. Il y a une chance sur deux pour que l'on se décourage. Si l'on réussit, il y a de fortes chances pour que l'on se « débrouille », mais en restant tout au long de sa vie un nageur médiocre : il aura manqué l'apprentissage des gestes réellement efficaces, ceux qui assurent à la fois l'élégance et la vitesse, c'est-à-dire la meilleure *économie de mouvements*. On aura perdu du temps sans devenir vraiment un bon nageur.

Cet empirisme laborieux et inutile, c'est pourtant ce que vivent nos enfants dans leur parcours scolaire, et ce que nous avons nous-même pratiqué avec plus ou moins de bonheur. Ils doivent apprendre à apprendre sans qu'on leur dise comment faire : on se contente de les attendre à l'arrivée, et d'encourager leurs efforts maladroits.

Certains, c'est vrai, se « débrouillent » mieux que d'autres, et trouvent assez vite certains des gestes qui les aideront à « s'en sortir ». Rarissimes sont ceux qui les pratiquent tous d'une manière consciente et organisée : la plupart pataugent avec de petits progrès et de nombreuses « tasses » : il leur faudra beaucoup de courage pour atteindre la ligne d'arrivée.

Si nous aidons si mal nos enfants, et si l'école jusqu'ici ne leur a pas enseigné d'une manière méthodique ces *gestes d'apprentissage,* ce n'est évidemment ni par sadisme, ni par mauvaise volonté, ni par calcul. Tout simplement personne n'avait songé à les observer scientifiquement pour pouvoir les décrire et donc les transmettre. La méthode d'investigation expérimentale d'Antoine de la Garanderie permet de le faire pour la première fois.

On peut décrire par des mots ce qui se passe dans notre tête. On peut enseigner les gestes « corrects » qui nous rendront intellectuellement performants, au travers de consignes précises.

L'expérience montre que même de jeunes enfants comprennent parfaitement ces consignes et sont tout à fait capables de les mettre en œuvre : a fortiori des adolescents ou des adultes. Il est certain, par contre, que l'application rapide, complète et systématique de ces consignes demande un entraînement, et s'avère plus difficile chez ceux qui ont déjà contracté de mauvaises habitudes. De la même manière, on apprend plus facilement à nager correctement le crawl si l'on n'a pas pris l'habitude d'un crawl approximatif : l'entraînement de la respiration et du rythme nécessaires à une exécution élégante et efficace est moins pénible si l'on s'y prend plus tôt.

L'idéal est d'acquérir, dès l'école primaire, les bons gestes pour apprendre. C'est d'ailleurs là que les parents jouent un rôle primordial : pour aider leur enfant, dès ses premières années, à contracter les bonnes habitudes qui lui serviront toute sa vie.

Avant de décrire ces gestes, arrêtons-nous un instant à la notion d'apprentissage, qui est beaucoup plus globale et complexe que nous ne le pensons au premier abord. En fait, l'apprentissage n'est pas seulement lié à l'école : nous apprenons toute notre vie. Bien avant d'entrer à la maternelle, le jeune enfant a déjà dû apprendre à s'exprimer, à entrer en relation avec ses parents, puis avec d'autres, à s'adapter à un rythme de vie, à parler... Durant notre vie adulte, nous apprenons constamment à nous adapter à des situations différentes, à utiliser et à transporter nos connaissances, à en acquérir de nouvelles, à construire des projets, des relations, des idées. L'apprentissage n'a rien d'essentiellement scolaire : il est le tissu même de notre évolution personnelle. Il est lié à la compréhension des choses et des êtres, des idées et des situations. Il est le moteur de notre développement intellectuel et humain.

L'apprentissage est une activité complexe qui fait appel à plusieurs capacités complémentaires : la capacité de saisir, celle de comprendre, celle de retenir, celle d'appliquer. On ne peut pas apprendre « bêtement » : ou bien alors il s'agit d'un apprentissage éphémère et inutilisable. On ne peut pas apprendre sans mémoriser : on se met sinon en situation de repartir à chaque fois à zéro. Il n'y a pas, dans le mécanisme de l'apprentissage, de rouage plus « noble »

La mémoire, science des ânes ?

Depuis quelques années, l'entraînement de la mémoire est fort dédaigné : retenir, répéter, réciter constitueraient des activités « bêtes » ; seuls la compréhension, le commentaire, l'interprétation personnelle vaudraient la peine d'être entraînés. L'enfant qui préfère apprendre par cœur est sévèrement critiqué : on lui préfère, et de loin, celui qui a *des idées*. On commet là une grave erreur d'appréciation. Tout d'abord parce que l'entraînement de la mémoire est indispensable : si l'on n'habitue pas son esprit à retenir, on se plaindra plus tard de manquer de mémoire. Ensuite parce que la réflexion doit être nourrie par des connaissances : si l'on n'a aucune donnée à sa disposition, parce que l'on n'a rien mémorisé, la pensée fonctionne très vite *à vide*. Enfin, ce mépris de la mémoire manifeste un état d'esprit excessivement normatif et étroit : tel comportement d'apprentissage est *bon*, tel autre est *mauvais*. Or, il existe plusieurs chemins possibles : en fonction des habitudes qu'il a contractées, tel enfant aura en effet besoin d'apprendre par cœur ; ce n'est pas pour autant qu'il ne comprend pas. Il ne faut pas le juger, mais l'aider à tirer pleinement parti de sa méthode personnelle d'apprentissage.

qu'un autre : chacun doit fonctionner à plein, et les transmissions doivent être parfaitement huilées.

Apprendre, c'est tout d'abord être capable de capter, dans la réalité qui nous entoure, ce qui mérite d'être observé de plus près ; c'est en saisir le fonctionnement, établir des relations avec ce que nous connaissons déjà ; puis le stocker pour pouvoir, à la demande, l'utiliser dans une situation d'application. Pour capter, il faut être capable d'attention ; puis interviennent la compréhension et la réflexion ; enfin il faut mettre en œuvre sa mémoire. Chacune de ces phases prépare la suivante, mais doit permettre aussi de faire retour, à la demande, sur ce qui précède : l'attention ouvre à la compréhension ; mais la mémorisation permet de retrouver celle-ci pour l'appliquer à une situation nouvelle.

1. Maîtriser son attention.

Pour être attentif, il ne suffit pas de le vouloir : encore faut-il savoir ce qu'il faut exactement faire pour mobiliser son attention. On remarquera que le terme « mobiliser » est utilisé à dessein : il s'agit en effet d'un acte volontariste par lequel on va chercher à capter un élément précis de ce que l'on perçoit. On ne peut être attentif à tout, et tout le temps : ce serait impossible et épuisant. Certes nos enfants passent quelques 8 h par jour à l'école, si ce n'est davantage : n'imaginons surtout pas qu'ils sont attentifs 8 h durant. Là d'ailleurs n'est pas le but de l'enseignement : il y a dans ces 8 h des temps d'application et — du moins ce serait souhaitable — des temps de repos ou de distraction. Mais il est surtout à craindre que leur attention soit sporadique, peu consciente, et ne sache pas s'éveiller au moment opportun (celui où le professeur présente les notions essentielles). Observons-nous nous-même : au cours d'une réunion professionnelle ou d'une conférence, par exemple. Notre attention est par essence fuyante, et nous la contrôlons mal. Bien souvent, ce n'est pas l'essentiel à quoi nous sommes attentifs : nous avons retenu l'anecdote, le détail comique, le fait secondaire. Nous serons incapables de retrouver l'argument majeur utilisé dans une démonstration si nous avons remarqué que l'orateur se gratte le nez, ou parsème ses explications de « n'est-ce pas ? » surabondants. Nos enfants sont comme nous : parce qu'ils ne savent pas maîtriser leur capacité d'attention, parce que l'enseignant ne leur indique pas quand et comment être attentifs.

Bien entendu, il ne suffit pas de dire à un enfant « sois attentif ! » pour qu'il le devienne. Dans bien des cas, il ne demanderait pas mieux, mais il n'a qu'une idée purement extérieure du geste d'attention : il rend son regard fixe, soutient sa tête de ses mains ; peut-être même s'efforce-t-il d'*ouvrir ses oreilles*, il n'aura fait que *donner l'image* de l'attention — ce qui, il faut bien l'avouer, suffit souvent à satisfaire professeurs et parents. Pendant ce temps, son esprit s'évade, ou au contraire tourne en rond, complètement obnubilé par l'idée d'être attentif au point de ne plus rien écouter : on aboutit ainsi au contraire de l'effet recherché.

Or il est très simple d'être attentif ; on peut choisir de l'être, ou non ; on peut *gérer son attention* en sachant la porter sur ce qui est essentiel, puis faire « roue libre » ; on peut l'économiser, ou au contraire la cultiver selon les périodes et les situations. Même un enfant agité ou turbulent peut mobiliser son attention si on lui apprend le geste correct qu'il doit exécuter. Bien entendu, comme dans toute activité mentale et, plus généralement, humaine, l'entraînement rend les choses plus faciles. Plus on prend l'habitude de réaliser ce *geste d'attention*, plus il devient aisé et quasi spontané. Si l'on a pris l'habitude de se disperser, de passer d'une chose à l'autre, de vivre et de penser sur un rythme discontinu, il faudra sans aucun doute faire un petit effort au cours des premiers essais... Soyons pourtant persuadés que la maîtrise de l'attention est absolument à la portée de tous, et qu'elle simplifie la vie — scolaire mais aussi professionnelle et personnelle.

FICHE MÉTHODE 1

COMMENT FAIRE POUR ÊTRE ATTENTIF ?

Le geste d'attention

Etre attentif, c'est distinguer dans le champ de sa perception ce que l'on va faire émerger pour le regarder ou l'écouter de manière spécifique. Il s'agit donc d'une attitude consciente et volontaire, qui est commandée par un geste mental particulier.

Le geste d'attention est défini par *le projet de faire exister mentalement l'objet perçu.*

En pratique :

Pour être attentif, je dois me donner la consigne suivante :

Je vais regarder avec le projet de revoir dans ma tête.

Je vais écouter avec le souci de me redire, ou de réentendre, ce que j'ai perçu.

Je peux contrôler l'efficacité de mon geste d'attention en confrontant mon image ou ma redite mentale avec la réalité de ce que je perçois.

A l'école, ce geste d'attention doit être pratiqué dès que l'enseignant insiste sur un point en le répétant ou en le marquant au tableau.

2. S'ouvrir à la compréhension.

La seconde démarche consiste à comprendre ce que l'on entend, ce que l'on dit, ce que l'on voit. Là encore, ce n'est pas en se prenant la tête dans les mains, en lisant et en relisant cent fois le même passage que l'on comprendra son sens : il n'existe pas de phénomène surnaturel qui tout d'un coup viendrait nous illuminer sans crier gare. L'analyse minutieuse menée par Antoine de la Garanderie sur la réalité de la compréhension montre qu'il faut faire *quelque chose de précis* pour arriver à comprendre : il faut passer par ce qu'il appelle l'évocation.

Une distinction fondamentale est celle qui sépare l'*évocation* de la *perception*. Percevoir, c'est regarder ou écouter (c'est aussi toucher, sentir ou goûter, bien entendu : mais la majeure partie de notre apprentissage se fait par la vue et par l'ouïe). Evoquer, c'est se donner des images mentales de ce que l'on a perçu, c'est se le représenter dans sa tête : au travers d'images visuelles ou de mots. Lorsque je regarde un paysage, je le perçois : pour l'évoquer, je vais fermer les yeux et le revoir dans ma tête, comme si une photographie apparaissait où je distinguerais nettement les formes, les couleurs, la lumière et certains détails qui m'ont frappé. Ou bien encore je vais me décrire ce paysage avec des mots : il est vallonné ; le coup d'œil est vaste, jusqu'au lac dont on voit au loin le miroitement ; les champs et les prés se distinguent par leurs couleurs ; au premier plan à droite une ligne d'arbres annonce une ferme, etc., etc. Selon que l'on a pris des habitudes « visuelles » ou « auditives », on évoquera ce que l'on perçoit par des images ou par des mots. Les images pourront être plus ou moins nettes, plus ou moins détaillées, statiques ou dynamiques. Le commentaire intérieur que nous nous tenons pourra être plus ou moins précis, et plus ou moins riche. La nature de l'évocation dépend de l'habitude que nous avons contractée, et non de la nature de ce que nous percevons : on peut évoquer visuellement ce que l'on a entendu et évoquer verbalement ce que l'on a vu. Si l'on est très « visuel », on évoquera dans sa tête des images à partir des propos d'un conférencier : par exemple, s'il parle du sacre de Napoléon, l'évocation prendra la forme d'une image où l'on verra l'intérieur de la cathédrale, la Cour, les vêtements, les couleurs, la place de Joséphine et celle de l'empereur, le geste qu'il fait pour placer la couronne sur sa tête. Si l'on avait été très « auditif », on se serait redit dans sa tête certaines expressions du conférencier, ou les commentaires que l'on se serait faits en l'écoutant.

Si l'on a des habitudes « auditives », on évoquera dans sa tête des mots à partir de ce que l'on a vu : même s'il s'agit d'une figure géométrique, ou d'un tableau, l'évocation se fera sous la forme d'un discours intérieur, sans aucune représentation visuelle spontanée.

Le clip, ou l'évocation visuelle au pouvoir

Vous êtes-vous déjà interrogé sur le phénomène des clips, dans lesquels les maisons de production de disques engloutissent des fortunes ? Dans le maquis des chansons en vogue, un disque a du mal à se vendre tout seul : il lui faut l'appui des images. La théorie d'Antoine de la Garanderie aide à bien comprendre le phénomène : pour acheter un disque, il faut que la chanson — entendue une ou deux fois — ait laissé une *trace* qui suscite le désir de la réentendre à nouveau. Pour un « visuel », cette trace est naturellement bien maigre : il n'aura pas enregistré l'air, même s'il se souvient l'avoir apprécié ; et il aura du mal à se donner sur cette chanson des images originales, susceptibles de lui donner une spécificité par rapport aux autres. L'« auditif », quant à lui, se redonnera sans peine la mélodie et éventuellement certaines paroles : mais cela ne lui fournira pas forcément une histoire capable de déclencher son imagination. A l'un et à l'autre, le clip fournit des images qui vont servir soit de support, soit de prolongation à l'évocation de la chanson : le « cinéma intérieur » se met en branle ; les évocations visuelles et auditives se renvoient les unes aux autres ; un univers se crée autour de la chanson ; il est à la fois complètement « fabriqué » : mais en même temps il suscite des résonances personnelles. La chanson prend un sens plus riche. On achète le disque.

Pour devenir intellectuellement plus performants, nous devons *perfectionner et entraîner nos évocations.* Voici la marche à suivre lorsque nous voulons comprendre :

a) Mettre de côté les « évocations-associations » simples associations d'idées à partir de tel mot, ou de telle perception, qui surgissent dans notre conscience, à notre insu, mais qui nous font dévier de la compréhension du sens. Certes ces évocations très spontanées et très personnelles intéresseront beaucoup les disciples de Freud : mais s'y laisser absorber conduit plus à « rêver » qu'à comprendre. C'est ce que font fréquemment les élèves qui, faute de comprendre globalement le sens d'un texte, voient leur pensée « happée » par des mots ici et là qui leur évoquent plus aisément quelque chose : le contresens n'est généralement pas loin.

b) Se donner une « évocation » de ce que l'on perçoit : peu importe dans un premier temps qu'elle soit visuelle ou verbale. Pour cela, on s'aidera en fermant les yeux, et l'on s'efforcera de rendre cette évocation la plus complète, la plus exacte, la plus affinée qu'il est possible. S'il s'agit d'une évocation visuelle, l'image doit être stable et l'on doit pouvoir la décrire : faute d'entraînement, beaucoup d'entre nous n'évoquent que des images fuyantes et brouillées. S'il s'agit d'une évocation verbale, le discours intérieur doit être ordonné, les mots bien choisis, les phrases doivent se conclure. Probablement aurez-vous du mal au premier essai : choisissez un sujet simple — une photographie, ou une figure géométrique, par exemple.

c) Revenir à la perception, pour lui confronter l'évocation qu'on s'en est donnée, et en mesurer l'exactitude et la précision. C'est en faisant des allers-retours systématiques perception-évocation que l'on peut améliorer sa capacité d'évocation, donc de compréhension. Il est rare qu'une seule perception permette d'« épuiser le sujet » : mais, si l'on écoute, si l'on lit, si l'on regarde plusieurs fois, il faut s'obliger à chaque fois à réévoquer — de mieux en mieux — ce que l'on a perçu.

Voyons maintenant ce que donne cette méthode lorsqu'il s'agit de comprendre un texte : opération déjà en vérité assez complexe.

Insistons à nouveau : ce n'est pas en lisant et en relisant le texte qu'on le comprendra. C'est en l'évoquant, phrase après phrase, puis comme un tout. Bien sûr nous avons l'impression, bien souvent, de « comprendre à première lecture » : c'est que l'évocation s'est exécutée si vite que l'on ne s'en est même pas rendu compte. Dès que le texte est plus fourni, ou plus abstrait, nous devons faire davantage d'efforts pour évoquer, et le faire consciemment : faute de quoi notre compréhension restera superficielle.

« Maître Corbeau, sur un arbre perché
Tenait en son bec un fromage.
Maître Renard, par l'odeur alléché,
Lui tint à peu près ce langage. »

Une fable de La Fontaine offre un abord facile : un enfant la lit et la retient aisément. Pourtant, elle offre un sens très riche, et l'on se souciera que l'enfant le comprenne et l'apprécie, au-delà de la pure et simple récitation. Aidons-le à évoquer à partir de sa lecture.

— s'il est « visuel », il peut voir assez facilement la scène. Il la situera dans l'espace : un arbre, peut-être au milieu d'autres ; le corbeau sur une branche ; par contraste, le renard qui se déplace en glissant dans les herbes. Il y a une forme verticale fixe, et un parcours horizontal. N'oublions jamais qu'un « visuel » a besoin d'une représentation spatiale pour comprendre S'il situe le corbeau « en haut » et le renard « en bas », la scène commence à prendre un sens dans son esprit. Puis il pourra s'entraîner à se représenter l'attitude du corbeau, le fromage qui dépasse du bec, la forme probablement ronde du fromage. Il verra ensuite, devant le corbeau immobile, le renard qui patrouille, puis qui commence à discourir. Il a compris la scène.

— S'il est « auditif », ce sont les mots même du texte qui déclenchent ses évocations : « Maître Corbeau », « Maître Renard » : les animaux sont présentés comme le seraient des humains, peut-être un peu ridicules ; que fait un fromage dans le bec d'un corbeau ? Bien entendu un fromage « sent », et d'assez loin : ceci explique que le renard accoure ; le mot « alléché » l'intéressera probablement beaucoup : on sait

Les évocations d'une « auditive »

Le mot « presbytère » venait de tomber, cette année-là, dans mon oreille sensible, et d'y faire des ravages.

« C'est certainement le presbytère le plus gai que je connaisse.. » avait dit quelqu'un.

Loin de moi l'idée de demander à l'un de mes parents : « Qu'est-ce que c'est, un presbytère ? » J'avais recueilli en moi le *mot* mystérieux, comme brodé d'un relief rêche en son commencement, achevé en une longue et rêveuse syllabe... Enrichie d'un secret et d'un doute, je dormais avec le mot et je l'emportais sur mon mur. « Presbytère ! » Je le jetais, par dessus le toit du poulailler et le jardin de Miton, vers l'horizon toujours brumeux de Moutiers.

Du haut de mon mur, le mot sonnait en anathème : « Allez ! vous êtes tous des presbytères ! criais-je à des bannis invisibles.

Un peu plus tard, le mot perdit de son venin, et je m'avisai que « presbytère » pouvait bien être le nom scientifique du petit escargot rayé jaune et noir...

Colette. La maison de Claudine

Le curé sur le mur

qu'un animal gourmand se « lèche les babines » ; le renard en quelque sorte se délecte à l'avance... il prépare sans doute un mauvais coup. La scène se trouve ainsi ordonnée dans le temps, avec des liens de cause à effet — n'oublions jamais que l'auditif a besoin d'un cadre temporel pour découvrir un sens aux choses. S'étant « redit » la scène en y joignant ses propres commentaires, il l'a comprise.

Le même *travail évocatif* se ferait bien entendu sur les différents épisodes de la fable : pour le visuel, la mise en perspective des images du début et de celles de la fin (le corbeau penaud, le renard qui détale après l'avoir sermonné) permettrait d'éclairer le sens général du propos ; pour l'auditif, ce serait un « avant-après » fondé sur les mots : le corbeau « honteux et confus » après s'être rengorgé ; le renard qui change brutalement de langage pour chapitrer le corbeau d'un « mon bon monsieur » condescendant.

Deux remarques viennent à l'esprit à propos de cet exemple :

a) La compréhension du « visuel » et de l'« auditif » n'est pas rigoureusement la même. Chacun d'eux a le sentiment d'avoir pénétré le sens du texte : mais il ne l'a pas fait de la même manière. Ce ne sont pas les mêmes éléments qui les ont éclairés, ni sur lesquels ils s'appuieront pour fonder leur compréhension.

b) L'exemple choisi est simple : la compréhension s'opère en réalité aisément. Le talent poétique de La Fontaine est tel qu'il suscite tout naturellement des évocations : encore avons-nous vu que nous pouvons les rendre plus stables, plus riches, plus fines. Qu'en serait-il dans le cas d'un texte compliqué, soit parce qu'il est abstrait, soit parce qu'il traite d'un sujet que nous connaissons très mal ?

Nous serions obligés, pour comprendre, de solliciter et de provoquer beaucoup plus nos évocations, de faire davantage d'allers-retours entre la perception de chaque phrase et son évocation : je lis une phrase et je ne la comprends pas. Elle me semble abstraite et hermétique. Je lève les yeux du livre et je m'efforce de me « redonner » cette phrase, tant bien que mal : sans doute faudra-t-il que je la relise à nouveau pour pouvoir l'évoquer correctement et complètement. En me la redisant, cette fois, je vais tenter de mettre des images sous tel mot ou telle expression, ou de me les commenter à l'aide de mots de la même famille, ou de synonymes, ou d'exemples que je pourrai faire entrer en relation avec eux : c'est au cours de cet effort d'évocation que je commence à comprendre. La compréhension ne peut être séparée des images mentales : elle ne peut pas s'opérer à vide, ou dans l'abstrait, comme on nous l'a trop longtemps laissé croire. Elle a besoin des « appuis » que lui procurent les évocations.

La pensée « mobile »

Le propre de la pensée est de pouvoir « se mouvoir » pour relier une chose à une autre, transférer ou traduire une notion, aller du connu à l'inconnu. Seule l'évocation lui assure cette souplesse : l'objet perçu est par essence fixe ; il faut se le redonner dans sa tête pour le rendre « mobile », c'est-à-dire pour l'amener à la rencontre de son « stock » de connaissances, de concepts, de formes.

3. Conduire une réflexion.

« Il suffit de réfléchir un peu », dit-on souvent à l'enfant. Oui, mais comment ? On ne saurait réfléchir à vide, ou sans méthode : et la réflexion constitue déjà une activité mentale complexe. Elle repose en effet sur l'*appel* de modèles et de données que l'on va devoir appliquer à une situation nouvelle.

Encore faut-il que ces modèles et ces données aient été assimilés, qu'ils soient disponibles, et que l'on sache les rendre opérationnels.

Ainsi, il faut pouvoir, lors d'une dictée, *faire appel* à la règle de grammaire et l'appliquer correctement. La règle de l'accord du participe passé doit être sue : mais ce n'est pas suffisant ; il faut que l'enfant ait à sa disposition le « mode d'emploi » lui permettant d'en faire usage. Ce « mode d'emploi » sera, une fois encore, constitué selon les cas d'images mentales visuelles ou verbales.

Dans le cas d'un enfant visuel, l'assimilation de la règle de grammaire devra se faire au travers d'exemples qu'il pourra évoquer visuellement :

« J'ai visité des villes étrangères. »

« Les villes étrangères que j'ai visitées. »

Au moment où la difficulté se présente — dans le cadre d'une dictée ou d'une rédaction, par exemple — l'enfant fera appel à la règle au travers de ce modèle visuel qu'il se donne sous forme d'images évoquées. Il n'aura plus qu'à transposer le modèle à la situation qu'il rencontre : il a réfléchi

Dans le cas d'un enfant auditif, l'assimilation de la règle doit se faire sous forme de consigne verbale du type : « Lorsque je rencontre un participe passé avec l'auxiliaire avoir, je fais appel à la règle suivante : le participe passé employé avec l'auxiliaire avoir s'accorde avec le complément d'objet direct s'il est placé avant ». L'enfant devra prendre soin, lorsqu'il met cette consigne « dans sa tête » en se la redisant, de la placer dans le bon ordre et sans en faire un « pêle-mêle » de mots : ses habitudes auditives l'amènent en effet toujours à comprendre par séquences temporelles ; il faut donc que celles-ci soient précisément établies.

Il n'a plus, le moment venu, qu'à se redire la consigne pour l'appliquer à la situation qu'il rencontre : il a réfléchi

On remarquera que, comme pour la compréhension, le mode de réflexion du visuel et de l'auditif n'est pas le même. Le premier va utiliser un modèle d'application, le second un modèle d'explication. Ce serait une erreur capitale de vouloir à tout prix leur en proposer un autre. L'un a besoin de voir faire avant qu'on ne lui commente : s'il observe la réalisation d'un travail manuel, il se guidera pour le reproduire sur les images visuelles qu'il aura conservées sous forme d'évocation. L'autre a besoin qu'on lui explique d'abord comment s'y prendre : il ne pourra suivre les mouvements effectués qu'à partir du guidage des explications.

Bien entendu, il existe des situations de réflexion beaucoup plus complexes que celles que nous venons d'évoquer. S'il s'agit de réfléchir sur un sujet de dissertation, par exemple, il ne suffira pas d'appliquer une règle. Mais il faudra, là encore, faire appel par l'évocation à des connaissances acquises antérieurement et qui permettront de trouver, pour traiter le sujet, à la fois une forme et un contenu. Or, nous l'avons vu, seules les évocations peuvent communiquer entre elles : la première étape consiste donc à passer de la perception du sujet à son évocation ; c'est à partir de là que les connaissances, les illustrations, les citations pourront être *appelées* et venir nourrir la réflexion.

COMMENT FAIRE POUR REFLECHIR ?

Le geste de réflexion

Réfléchir, c'est se redonner une loi, une règle, des connaissances, puis les fléchir pour les appliquer à une situation particulière. Il s'agit donc d'aller chercher dans son « stock mental » des éléments qui serviront à traiter correctement un problème particulier.

Le geste de réflexion consiste à *mettre en relation l'évocation des données d'un problème et celle des règles et des connaissances déjà enregistrées.*

En pratique :

Pour réfléchir sur un sujet ou un problème, la méthode est la suivante :

Je ne me contente pas de percevoir les données, je vais les évoquer, c'est-à-dire me les redire, ou les revoir dans ma tête.

Je fais appel à l'évocation de la règle, ou des connaissances correspondantes.

Je les applique aux données.

Cette méthode doit être utilisée aussi bien pour traiter un problème de mathématiques qu'un sujet de français. L'essentiel est de ne pas s'en tenir à la perception de l'énoncé, mais de le convertir en images mentales : c'est la condition indispensable pour que la communication puisse se faire avec les acquis culturels.

4. Mémoriser.

Contrairement à ce que l'on conçoit d'ordinaire, la mémoire n'est pas mentalement tournée vers le passé, mais vers l'avenir. Bien entendu, la mémoire permet de retrouver à un moment donné des connaissances acquises antérieurement. Mais, *au moment où l'on cherche à retenir*, c'est vers l'avenir qu'il faut tourner son esprit : il s'agit bien de rendre les connaissances que l'on veut acquérir disponibles *pour plus tard.* Ce qui permet d'affirmer que l'imaginaire de l'avenir est le lieu de concrétisation des souvenirs.

Cette conception éclaire plusieurs phénomènes qui nous paraissent souvent mystérieux : pourquoi ceux qui prennent leur retraite, par exemple, se plaignent-ils si souvent de perdre la mémoire ? Sans doute, il y a petit à petit un phénomène physiologique de vieillissement : mais il ne suffit pas pour expliquer une perte brutale des capacités de mémorisation — qui d'ailleurs peut affecter des personnes encore relativement jeunes au moment où elles cessent leur activité professionnelle. D'autre part, on remarque souvent que ces mêmes personnes se rappellent clairement des souvenirs plus anciens. En fait, l'explication mentale est simple : elles n'ont pas enregistré les éléments du passé récent parce qu'elles n'avaient pas de *lieu d'avenir* dans lequel les projeter. Leur imaginaire d'avenir est — momentanément — anéanti : leur mémoire ne peut pas fonctionner.

De même, on rencontre fréquemment chez les

enfants le cas suivant : l'enfant pense savoir sa leçon et la récite tout à fait correctement à sa mère Il s'avère ensuite incapable de le faire en classe. On dira que sa mémoire n'a fonctionné que d'une manière éphémère ; ou bien encore qu'il a ressenti un « blocage psychologique » devant le professeur. Ces explications sont à nouveau insuffisantes. Des nombreux cas qu'il a interrogés et analysés, Antoine de la Garanderie a tiré l'idée que l'enfant qui procède ainsi a appris sa leçon avec le projet de la réciter devant sa mère. C'est dans cette situation d'avenir précise qu'il a placé les connaissances acquises, et non dans la situation de la classe. Or, il ne pourra réciter aisément sa leçon en classe que s'il l'a apprise en s'imaginant répondre à l'interrogation du professeur.

Lorsqu'on lit une revue, on ne retient tels éléments d'un article que si l'on pense devoir les utiliser ou y faire référence dans telle situation. Lorsqu'on regarde une émission à la télévision, on mémorise telle image ou telle séquence parce que — consciemment ou inconsciemment — on a envie de la conserver pour la commenter avec d'autres. Lorsqu'on écoute un conférencier ou un conteur, on retient telle histoire ou telle anecdote d'autant plus qu'on a le projet de les raconter à son tour.

Faut-il apprendre ses leçons avant de s'endormir ?

Oui, si on le fait avec le projet conscient et positif de reprendre sa leçon le lendemain. On se donne ainsi un lieu d'avenir non angoissant pour retenir.

On n'imagine pas encore la situation réelle dans laquelle on devra retrouver ces connaissances ; on crée une situation intermédiaire — les retrouver le lendemain — qui permet de faire fonctionner la mémoire.

Il faudra malgré tout faire l'effort de réexpression sans lequel la mémorisation ne peut aboutir ; et, au moment où l'on reprendra la leçon le lendemain, placer cette évocation dans sa situation réelle d'utilisation.

Lorsqu'on veut retrouver un souvenir qui échappe, il est inutile de s'évertuer en tournant son esprit vers le passé. Il faut se demander au contraire à quelle situation on avait songé en cherchant à mémoriser : voulait-on en parler à quelqu'un, et à qui ?, voulait-on l'utiliser, et dans quelles circonstances ? C'est bien souvent en évoquant la personne ou le cadre sur lesquels on avait axé son projet de retenir que l'on retrouvera le souvenir qui échappe.

La première loi de la mémorisation est donc que, pour retenir, il faut se projeter dans la situation où l'on aura à utiliser.

Il s'agit là d'une condition nécessaire, qui va déterminer le cadre dans lequel la mémorisation va pouvoir s'effectuer : reste à accomplir le geste-clef qui va permettre réellement de retenir, et qui consiste à *évoquer par réitération mentale.*

Pour apprendre, il faut se redire dans sa tête, ou revoir, ce que l'on a perçu : mais pas n'importe comment. L'évocation doit être dirigée vers un objectif précis, selon une méthode qui va dépendre de ses propres habitudes évocatives.

Le lièvre et la tortue a été remis à la mode par l'actualité, et vous cherchez à en retenir quelques vers :

« Notre Lièvre n'avait que quatre pas à faire ;
J'entends de ceux qu'il fait lorsque, près d'être atteint,
Il s'éloigne des chiens, les renvoie aux calendes
Et leur fait arpenter les landes.
Ayant, dis-je, du temps de reste pour brouter,
Pour dormir et pour écouter
D'où vient le vent, il laisse la tortue
Aller son train de sénateur. »

Imaginons que vous ayiez pris l'habitude d'une gestion mentale *visuelle*. En lisant la phrase, des évocations naîtront naturellement dans votre esprit : vous verrez le lièvre poursuivi par les chiens, zigzaguant dans la campagne. Vous vous représenterez une sorte de « dessin animé » où le lièvre folâtre et paresse. Ce n'est sûrement pas ainsi que vous apprendrez la fable : vous saurez la raconter, mais pas la réciter.

Vous aurez des difficultés particulières à retenir certaines expressions — « les renvoie aux calendes » —, ou certains détails de style — « Ayant, dis-je, du temps... » — ou encore les subtilités de la versification. Votre évocation était mal dirigée : vous vous êtes représenté les choses alors que, pour retenir les mots, il faut se représenter les mots.

Voyons donc, avec précision, quelles sont les stratégies mentales à adopter pour mémoriser, selon que l'on a des habitudes mentales visuelles ou auditives : il existe en effet pour chacune des difficultés spécifiques que l'on ne résoudra pas de la même manière.

Pour un *visuel*, la marche à suivre est naturellement la suivante : percevoir, puis revoir dans sa tête ce que l'on a perçu. Ce geste ne présentera aucune difficulté, et sera même très efficace s'il s'agit de mémoriser un croquis, une carte, un plan, une figure. L'image qu'on s'en sera donnée, si elle est nette, exacte et complète, permettra de les reproduire aisément.

Par contre, les difficultés commencent lorsqu'il s'agit de retenir des mots : des expressions, une règle de grammaire, un texte. Le visuel a la hantise du « par cœur », l'inquiétude de ne pas savoir réciter, l'incapacité souvent de retrouver le mot précis. Comme nous l'avons déjà signalé, sa capacité à évoquer visuellement l'amène plus aisément à se représenter les scènes, mais pas les mots pour les décrire.

Pour aider un visuel à apprendre par cœur, il faudra lui proposer la stratégie suivante :

a) Evoquer les scènes à partir de la lecture du texte, comme il le fait habituellement.

b) Raconter l'histoire à partir de son évocation visuelle : les mots qu'il utilisera seront dans la majorité des cas plus simples, souvent plus pauvres que ceux du texte.

c) Confronter sa version racontée au texte lui-même : lui faire prendre conscience de la spécificité des termes et expressions employés par l'auteur.

d) Photographie ces mots et expressions spécifiques au regard des images qu'il s'est constituées. Ainsi sera dessinée dans son esprit une sorte de double page d'évocations mentales images/mots.

Faut-il recopier pour apprendre ?

Ce n'est pas le fait de recopier qui permet d'apprendre. Si l'on recopie sans se donner l'image mentale de ce que l'on est en train d'écrire, on est sûr de ne rien retenir.

Il est possible que, pour un *visuel*, le fait de recopier soit l'occasion de se donner une image visuelle des mots ; ou que les « revoir » non plus imprimés sur le livre, mais écrits de sa main, soit plus aisé. Il faut néanmoins faire attention que ce « recopiage » ne devienne pas purement mécanique : sans évocation, il ne peut y avoir mémorisation.

Cette technique, est-il besoin de le préciser, n'offre aucun intérêt pour un *auditif*.

L'*auditif* ne connaît pas, bien entendu, ces difficultés-là : s'il a compris la nécessité de l'évocation, il saura se redire dans sa tête les mots qu'il a perçus. Il n'aura donc aucune difficulté à apprendre par cœur : bien au contraire, il y prend un certain plaisir.

Il se plaint par contre de manquer de mémoire visuelle : il ne parvient pas à retenir un croquis, ou une carte de géographie, puisqu'il ne peut pas les « revoir ».

Pour l'aider, il faut lui proposer la stratégie suivante :

a) Se commenter le croquis dans sa tête, de manière très méthodique et très détaillée

b) Tenter de la reproduire à partir de son commentaire

c) Comparer avec le croquis original

d) Recommencer jusqu'à obtention d'un commentaire mental permettant une reproduction fidèle, et « enregistrer » ce commentaire en se le redisant plusieurs fois.

Dans l'un comme dans l'autre cas, vouloir contrarier les habitudes acquises constituerait une *grave erreur* : c'est en s'appuyant sur elles que l'on peut acquérir une sûreté méthodologique qui, seule, permettra d'envisager d'élargir par la suite le champ de son fonctionnement mental.

Dans tous les cas, la mémorisation ne sera acquise qu'au travers de l'image mentale que l'on se sera donnée de la connaissance à acquérir ; cette image doit être ensuite projetée dans la situation où l'on sera amené à utiliser cette connaissance. Lorsqu'on s'imagine en train de réciter en classe, ou de faire un exposé dans une salle de conférences, ou de répondre à des questions, ou de « plancher » sur une copie d'examen, à partir des images visuelles ou verbales précises que l'on s'est constituées d'une manière méthodique, la mémorisation est assurée.

FICHE MÉTHODE 3

COMMENT FAIRE POUR RETENIR ?

Le geste de mémorisation

Mémoriser, c'est rendre disponible pour l'avenir des éléments que l'on a perçus, puis évoqués. Il s'agit donc, comme pour les « gestes » précédents, de transformer sa perception en évocation ; mais il faut y ajouter le projet spécifique de retrouver cette évocation dans une situation future.

Le geste de mémorisation consiste *en un projet de tenir ce que l'on évoque à la disposition de son avenir.*

En pratique :

— Je fais d'abord le geste d'attention : je perçois avec le projet de revoir ou de me redire dans ma tête

— Je me redonne mon évocation en la plaçant dans la situation d'avenir où j'aurai à l'utiliser (classe, examen, prestation professionnelle).

— Je recommence en enchaînant les évocations jusqu'à ce que l'ensemble soit exact, complet et ordonné.

***

Maîtriser son attention ; mettre en route sa compréhension et sa réflexion ; assurer la mémorisation de ce que l'on souhaite « stocker » : tels sont les rouages fondamentaux de tout apprentissage. Bien sûr, la formation et le développement d'une personnalité ne tiennent pas là tout entiers : ils s'enrichissent évidemment de dimensions de découverte, d'invention, de création ou de sensibilité personnelles — sur lesquelles d'ailleurs les travaux d'Antoine de la Garanderie apportent également un nouvel éclairage.

Mais il faut savoir commencer par le commencement. Sans connaissances précises, sans méthode de travail sûre, la pensée fonctionne sur un mode pauvre, qui vire très vite à la banalité ou à l'à peu près. Une pensée vraiment personnelle ne peut se fonder que sur des faits : encore faut-il les apprendre et les comprendre. La capacité de créer se développe et s'affine à partir d'une culture assimilée. C'est pourquoi les gestes fondamentaux de l'apprentissage même s'ils paraissent simples, doivent être connus et pratiqués : leur maîtrise permet un gain de temps, d'énergie et de qualité considérable qui, seul, autorise ensuite une approche plus « créative » des problèmes.

L'un des défauts majeurs de l'enseignement actuel est qu'il propose trop souvent aux élèves de faire mal des choses trop difficiles pour eux. L'aspect boulimique des programmes, et les horaires insensés qui en découlent expliquent cette perversion. Ne faisons pas de même avec nos enfants. Apprenons-leur à faire bien des choses qui soient à leur portée. L'essentiel de ce que nous avons à leur transmettre réside dans des conseils fondamentaux simples, et dans l'entraînement qui y correspond. Montrons-leur comment ils peuvent, à volonté, diriger leur attention ; comment ils peuvent retenir l'orthographe d'un mot ; comment ils doivent s'y prendre pour apprendre une leçon ; comment ils doivent raisonner à partir d'un sujet de rédaction. Proposons-leur des supports d'entraînement simples. Limitons notre ambition, pour l'instant, à l'apprentissage d'une règle de grammaire : s'il l'a comprise, retenue, et s'il a su l'appliquer, il saura transposer la méthode qui s'est révélée efficace au cas des autres règles. L'essentiel est que l'enfant saisisse le fonctionnement du modèle opératoire : ce sera à lui ensuite de le perfectionner pour l'appliquer à des propos plus ambitieux.

La liberté de l'individu doit pouvoir rester entière dans l'utilisation des méthodes qu'on lui propose : encore faut-il lui avoir donné l'aide minimale sans laquelle la liberté n'est qu'un mot vide de sens. C'est lorsqu'on connaît les mouvements de base du crawl, ou du ski, que l'on peut révéler son tempérament, trouver un style, interpréter, et, peut-être, manifester un talent. Aucun choix ne se fait les yeux bandés : aucun individu ne peut progresser sans y voir clair

GUIDE PRATIQUE DE LA RÉUSSITE SCOLAIRE PAR LA MÉTHODE LA GARANDERIE :

I) LA RÉUSSITE SCOLAIRE : UN ENJEU IMPORTANT POUR L'AVENIR DE L'ENFANT

Sans doute avez-vous déjà compris le parti que vous pouvez tirer des travaux d'Antoine de la Garanderie pour aider vos enfants dans leur parcours scolaire. L'acquisition d'une bonne méthode de travail est absolument fondamentale : elle permet à l'enfant d'aborder les difficultés sans angoisse, de les résoudre plus vite, de mieux maîtriser son travail. Connaître les gestes fondamentaux de l'apprentissage, c'est éviter les tâtonnements inutiles qui peuvent faire naître le cercle vicieux du découragement.

S'attacher à la réussite scolaire de son enfant peut paraître à certains un objectif limité, sans imagination ni véritable intérêt : l'essentiel n'est-il pas de se préoccuper de sa réussite personnelle, humaine, professionnelle ? Une longue tradition rend le cancre sympathique, tandis que le « fort en thème », boutonneux et solitaire, suscite une sorte de méfiance teintée d'ironie. On citera le cas de « mauvais élèves » doués et imaginatifs, qui ont su se faufiler hors du système scolaire pour parvenir à de brillantes réussites. On montrera que les qualités d'invention et de création de notre fameux *hémisphère droit* sont en réalité très supérieures aux capacités un peu « tâcheronnes » que l'école s'évertue à développer : la réussite scolaire ne mériterait pas tant d'efforts ni de sacrifices.

C'est aller un peu vite, et n'avoir qu'une vue partielle de la réalité. C'est même, la plupart du temps, un discours rétrospectif. L'enfant, quand il est à l'école, veut y réussir : il souffre beaucoup de ne pas y parvenir. Ses parents, lorsqu'ils le voient se désespérer, multiplier ses efforts, puis se décourager, s'inquiètent : ils préféreraient de beaucoup qu'il connaisse des succès. Passer ses jeunes années à buter sur les difficultés d'un système qui valorise la réussite est extrêmement pénible : le temps paraît long, vide, pesant. Il faut un ressort personnel extraordinaire pour, un jour, dans un cadre différent, envisager le succès.

Notre environnement social et professionnel a changé : trouver sa voie devient difficile ; assurer intelligemment son entrée dans la vie active devient délicat. Que l'on soit fille ou garçon, on sait que l'on aura probablement à changer plusieurs fois de métier au cours de sa vie professionnelle : mais, en même temps, que les dix premières années d'exercice d'une

Mieux vaut être diplômé

Le taux de chômage des diplômés (niveau licence minimum) est passé de 11 % à 16 % entre 1973 et 1982.

Dans le même temps, il triplait pour les sans diplôme (de 12 % à 42 % pour les garçons et de 18 % à 63 % pour les filles) (informations *Juniorscopie*. Larousse).

Mieux vaut avoir une licence que s'être arrêté au bout d'un an de fac ; mieux vaut avoir un diplôme d'ingénieur qu'un diplôme de sciences humaines ; mieux vaut sortir d'une école de commerce ou de sciences appliquées si l'on veut pouvoir choisir plutôt que subir.

profession sont déterminantes pour se situer au niveau où on le souhaite. La réussite scolaire, même si elle n'est pas tout, donne une propulsion de départ irremplaçable. Les choix sont plus simples et plus positifs si l'on sort d'une grande école ; le risque du chômage est d'autant moins grand que l'on a fait des études secondaires et supérieures dans de bonnes conditions.

Ainsi, la réussite scolaire de ses enfants mérite mieux que des vœux pieux : c'est un enjeu important, pour lequel nous devons nous efforcer d'agir, sans acharnement ni angoisse, mais de la manière la plus efficace possible.

1. Les critères de la réussite à l'école.

Examinons la situation de manière objective et lucide : qu'est-ce, pour nos enfants, que « réussir à l'école ? ». C'est à la fois :

a) Satisfaire à un système d'évaluation complexe et continu (interrogations écrites et orales, exercices d'application, devoirs de réflexion, examens). De plus en plus, la réussite à l'examen est liée aux résultats du « contrôle continu » effectué en classe.

Difficultés scolaires : une spirale dangereuse

Un enfant qui a redoublé au moins une fois à l'école primaire n'a plus que 3 chances sur 10 d'atteindre la 4e ! Telle est la leçon alarmiste des chiffres... Pas de panique cependant : le fait d'avoir un an ou deux de retard n'a, en soi, aucune importance réelle. L'essentiel est de reprendre son parcours scolaire sur de bonnes bases : mieux vaut dans certains cas redoubler, en profiter pour acquérir des méthodes de travail solides, et repartir du bon pied.

b) Tirer parti au mieux de l'enseignement suivi pour acquérir des savoir-faire fondamentaux (lire, écrire, calculer...), des connaissances, une culture.

Ces deux aspects sont psychologiquement liés. De mauvaises notes sont parfaitement décourageantes : on n'est plus en état de tirer un bénéfice de l'enseignement reçu ; l'école est à ce point liée à un sentiment d'échec que l'on cherchera plutôt à oublier qu'à retenir. Au contraire, les succès incitent à une attitude positive à l'égard de l'enseignement : on est plus perméable, plus ouvert, plus apte à engranger.

Etre capable de satisfaire aux contrôles inhérents au système scolaire, c'est donc avoir de meilleures chances de tirer le maximum du temps passé à l'école, du savoir dispensé par les enseignants, du travail effectué à la maison.

Encore faut-il avoir compris comment aborder ces différentes « épreuves » : comment apprendre une leçon pour que le professeur estime qu'elle est sue, comment lire un sujet de devoir pour le traiter d'une manière correcte, comment enregistrer des connaissances pour se préparer à un examen. La plupart du temps, les professeurs imaginent que les règles du jeu sont connues : en réalité, les élèves passent leur temps à tenter de les inventer, souvent assez maladroitement. Il est indispensable, pour réussir à l'école, de bien cerner les critères qui participent à cette réussite : aux parents d'y aider leurs enfants en les éclairant sur ce que l'on attend exactement d'eux. Une leçon sue, ce n'est pas forcément une leçon apprise par cœur : c'est avoir repéré des données essentielles, les avoir retenues, et avoir compris comment elles

Le trac scolaire

Les situations scolaires suscitent souvent chez les enfants des accès d'émotivité très perturbants.

Chacun de nous a connu le trac qui précède l'examen, l'inquiétude ressentie à l'idée d'être interrogé, de « passer au tableau », de découvrir un sujet de devoir.

La peur d'être ridicule, de ne pas « savoir », d'être surpris, suscitent une bouffée d'émotion très vive. Respiration précipitée, gorge sèche ou nouée, fébrilité des mains : les symptômes physiques du trac sont bien connus ; ils disparaissent la plupart du temps lorsqu'on parvient à respirer calmement... et lorsqu'on s'engage dans l'action.

Chez certains enfants, l'émotivité est quasi-permanente dès qu'ils sont placés dans une situation d'apprentissage ou de restitution. L'enfant peut être tout à fait paralysé par l'émotion : son imagination ne lui fournit que des représentations d'échec ; il se voit impuissant ou incapable de réussir. Son émotivité peut au contraire le conduire à faire n'importe quoi : il se précipite dans l'action, par une sorte de réflexe de « fuite en avant » désordonné et souvent stérile.

Bien entendu, ce type de comportement est lié à la personnalité de l'enfant : certains éprouvent des émotions plus vives ou plus impérieuses que d'autres. Mais Antoine de la Garanderie fait aussi l'hypothèse que cette manifestation d'émotivité est liée à une habitude mentale : tel enfant se donne trop vite des images d'échec ; tel autre se tourne immédiatement vers des représentations d'action qui le mettent en scène. Dans les deux cas, une étape majeure est sautée : celle où l'on passe en revue, le plus calmement possible, les gestes mentaux à mettre en œuvre pour réussir.

Prenons l'exemple du moment où l'on découvre le sujet du devoir ou de l'examen : l'enfant émotif se précipite sur le premier mot de l'énoncé qu'il croit comprendre ; ou, à l'inverse, s'affole de ce qui lui semble d'emblée hermétique. L'émotion l'envahit et l'empêche de réfléchir. S'il prend l'habitude, au contraire, de se donner la « check-list » de ce qu'il doit faire pour lire et comprendre l'énoncé, son émotion s'apaise ; il commence à contrôler ses représentations.

Il est donc tout particulièrement nécessaire à l'enfant émotif de se doter d'une bonne méthode de travail. Bien sûr, il conservera la vivacité de ses émotions — ce qui est d'ailleurs souhaitable —, mais il sera plus à même de les réguler, et d'acquérir davantage de confiance en lui.

s'articulent. Par contre, apprendre une poésie, c'est bel et bien pouvoir la réciter, et donc en avoir retenu les mots, le rythme, la versification. Traiter un sujet de rédaction, ce n'est pas seulement dire ce qu'on pense : c'est aussi faire appel à des références, et organiser sa réflexion.

Prenons l'exemple d'un devoir. La note attribuée par le professeur représente une appréciation globale, dont l'enfant a du mal à découvrir le sens réel. Que signifie vraiment un 8, ou un 10, ou un 12 ? Bien entendu, le caractère relatif de la note est évident : un 10 obtenu après un 8 montre que l'on a mieux réussi ; après un 12, que l'on a moins bien compris ou moins bien appliqué. La note permet aussi de situer son niveau par rapport à celui de ses camarades : on se rend compte si l'on est ou non dans la « bonne moyenne ». Mais, au-delà de ces conclusions très générales, l'analyse de la note est moins aisée ; et d'ailleurs l'élève n'a généralement pas l'idée de la faire : il la considère comme un résultat, un point c'est tout.

Or la note n'a de véritable intérêt que si on regarde de plus près ce qu'elle signifie : seule cette analyse permettra de la considérer non comme une sanction, mais comme un instrument de progrès. Les appréciations du professeur permettent généralement de mieux la comprendre, et d'en déduire ce qu'il faut faire pour mieux réussir la fois suivante. Souvent, ces annotations sont à peine lues par l'élève qui se fixe sur la note « brute » : aux parents d'aller plus loin, et d'inciter leur enfant à le faire. C'est l'occasion d'un dialogue constructif, qui vaut mille fois mieux qu'un coup d'œil distrait sur le bulletin, suivi d'un jugement péremptoire.

Se contenter de demander à son enfant « quelles notes il a eu à l'école » tourne très vite court : pour l'aider à progresser, il faut l'aider à y voir plus clair, c'est-à-dire lui montrer ce qu'il doit faire exactement pour parvenir à de meilleurs résultats.

Sans doute, à partir d'un certain niveau, ne pourra-t-on plus l'aider directement dans ce travail d'analyse : au moins aura-t-il pris l'habitude de le faire, ou d'aller demander au professeur sur quels points précis il doit faire porter son effort.

Lorsqu'on regarde de près une copie, on s'aperçoit que la note constitue en réalité la synthèse de plusieurs types d'appréciation. Seul le détail des annotations permet de comprendre quel est en fait le niveau de l'élève par rapport aux différents critères d'évaluation, et de repérer les points faibles qui vont demander un travail spécifique.

Dans la plupart des devoirs, quatre critères essentiels interviennent dans la notation :

— les connaisances

— leur application

— l'organisation des idées

— la présentation de la copie : rédaction, orthographe et même calligraphie.

Il est indispensable de comprendre si un 8 sanctionne essentiellement un manque de connaissances, une erreur d'application, une structure désordonnée ou une rédaction insuffisante. Il est très difficile pour un enfant de faire des progrès d'un seul coup dans tous les domaines. L'analyse de la copie doit permettre de fixer des objectifs prioritaires précis pour le devoir suivant.

2. Définir les objectifs étape par étape.

C'est ainsi, et ainsi seulement, que les résultats peuvent s'améliorer : selon un parcours jalonné de *mini-objectifs* qui permettent de décomposer la difficulté, et de mettre les efforts et leur récompense à portée de main. Un enfant ne peut pas travailler dans la perspective d'une finalité générale et lointaine : lui dire qu'il aura besoin de ces connaissances dans dix ans et qu'il souffre *pour son bien* n'a pas de réalité à ses yeux. Le rôle des parents consiste précisément à dialoguer avec l'enfant pour l'aider à progresser pas à pas, de manière à la fois volontaire et patiente.

Une fois les objectifs définis, reste à savoir comment on peut raisonnablement les atteindre : c'est ici qu'intervient la nécessité d'une méthode de travail précise, transmissible, parfaitement claire pour l'enfant.

a) Améliorer ses connaissances

Si l'on s'aperçoit que les devoirs pêchent essentiellement par manque de connaissances, il faudra se doter d'une méthode pour être attentif à ce que l'on entend et à ce qu'on lit, et pour retenir. Certains enfants dirigent trop vite leur esprit vers l'interprétation personnelle ou le commentaire : lorsqu'ils perçoivent une donnée, leur pensée n'a pas pour objet de la retenir telle quelle, mais de voir immédiatement quel parti ils peuvent en tirer, ou ce qu'ils en pensent ; ils jugent avant d'apprendre ; ils discutent avant de retenir. Ce n'est pas en soi un défaut : tant mieux si leur esprit critique est développé ; tant mieux s'ils s'intéressent suffisamment à ce qui les entoure pour vouloir y apporter leur réaction propre et affirmer leur personnalité.

Mais c'est souvent aller trop vite en besogne. A terme, le manque de connaissances réelles et précises va les conduire à une pensée floue et superficielle, voire banale.

Ainsi, l'histoire doit d'abord s'apprendre : il faut connaître avant de risquer une interprétation, sauf à tomber très vite dans l'imagerie. Avant de se passionner pour les découvertes médicales, il faut apprendre l'anatomie. Avant de disserter, il faut connaître les auteurs et avoir assimilé des faits précis sur leur œuvre.

Il est donc essentiel de fixer un objectif à sa pensée : lorsqu'il s'agit d'apprendre, il ne s'agit pas de laisser son esprit vagabonder sur des évocations spontanées et personnelles. Il s'agit de lui faire emprunter un chemin qui conduira effectivement à retenir.

Il faut pratiquer le *geste d'attention*, puis le *geste de mémorisation* tels que nous les avons décrits précédemment, en se donnant le projet d'assimiler les données *telles quelles* pour les retrouver au moment du devoir.

b) Mieux utiliser ses connaissances

Peut-être est-ce au contraire l'application des connaissances qui constitue le point faible du devoir : la règle est sue *en soi*, mais on n'a pas trouvé comment l'appliquer au problème, ou l'application est fausse. La théorie de la règle de trois, ou celle de l'accord du participe passé est connue ; mais on a multiplié au lieu de diviser ; on a accordé le participe passé avec le complément d'objet direct alors que celui-ci était placé après ; c'est ce que l'on appelle généralement des « fautes d'étourderie ». On sait faire une multiplication, mais on met le chiffre de la retenue à la place de celui de l'unité. Par exemple :

$$16 \times 7 = 94$$

L'enfant, inquiet de devoir faire ses opérations en temps limité, s'embrouille. Il connaît pourtant ses tables de multiplication, et sait faire une opération. Il réussit d'ailleurs une fois sur deux. Lorsqu'il commet une erreur, c'est parce qu'il se dit : « Sept fois six quarante-deux » en marquant le 4 au lieu du 2, parce qu'il a peur d'oublier la retenue, et qu'il se sent pris par le temps.

La connaissance existe : point n'est besoin de lui faire revoir ses tables de multiplication. Ce qui manque, c'est une méthode sûre d'application. Dès que l'enfant s'inquiète, l'application des règles devient

Il ne fait que des fautes d'étourderie !

« Etourneau », « tête en l'air » : nous hésitons entre l'agacement et l'indulgence à l'égard de ce que l'on appelle communément des « fautes d'étourderie ». Nous avons l'impression qu'elles sont vénielles — puisqu'elles ne se reproduisent pas toujours — et en même temps qu'elles sont stupides, puisqu'elles suffisent pour annuler en un instant la réussite d'un devoir.

En réalité, elles ne doivent rien au hasard : elles sont dues dans la plupart des cas à un manque de sécurité dans l'application des connaissances acquises. Il faut donc les traiter sérieusement, et non à coup de remarques moralisatrices. Si l'enfant fait des fautes d'étourderie, c'est parce qu'il ne dispose pas de consignes d'application précises qu'il pourrait se redonner au moment où la difficulté se présente : il s'agit donc de les construire et de s'y entraîner. L'enfant peut alors aborder la difficulté sans angoisse, même en temps limité : il se guide sur la « check list » qu'il s'est donné l'habitude de suivre.

hasardeuse : elle tombe une fois bien, une fois mal. Le travail essentiel consiste donc à pratiquer le *geste de réflexion* et à se donner des consignes d'application précises, toujours les mêmes.

Dans le cas qui nous occupe, l'erreur provient lorsqu'elle se produit, de l'inquiétude d'oublier la retenue. Il faut donc imaginer une consigne d'application qui permette d'être sûr de disposer de la retenue, et de marquer le bon chiffre. Aux parents d'aider leur enfant à trouver le *truc* qui pourra devenir un réflexe : ce peut être, par exemple, d'utiliser ses doigts pour conserver la retenue, et de se dire le chiffre qu'il faut écrire, ou tout autre système dont on établira avec l'enfant qu'il lui convient, et qu'il pourra s'y entraîner.

c) Organiser ses connaissances

Imaginons maintenant que c'est l'organisation même du devoir qui s'avère déficiente : les connaissances et les idées sont là, mais en vrac. On n'a pas su les regrouper, les articuler, les présenter dans un ordre logique. L'ensemble est intéressant, mais fouillis.

Ce défaut peut provenir d'un manque de méthode au moment de l'acquisition des connaissances : celle-ci ne n'est pas faite d'une manière systématique. On a retenu des données, mais éparses : on les réutilise aussi de manière désordonnée.

Au moment où l'on porte son attention sur les connaissances à acquérir, il faut se doter d'une méthode d'observation rationnelle. Par exemple, s'il s'agit de retenir les données portées sur une carte de géographie, il ne faut pas observer cette carte globalement et retenir, de ci de là ce qui paraît le plus frappant. Il faut conduire son *geste d'attention* de manière systématique, en procédant, par exemple, de haut en bas et de gauche à droite : on sera ainsi certain de n'avoir rien oublié, et d'avoir mis dans sa tête des données ordonnées. Au moment du devoir, leur organisation reviendra en même temps que le souvenir de tel ou tel détail significatif. Il est tout à fait important que le stockage des données soit structuré : seule l'existence d'un fil directeur permet de s'assurer que l'on n'a rien oublié d'essentiel, et que les connaissances pourront servir de support au raisonnement.

Ce défaut d'organisation des idées peut également provenir d'une lecture insuffisante de l'énoncé. Quelques mots ont frappé d'emblée l'imagination ; l'élève, inquiet peut-être de « ne pas savoir », a constaté avec soulagement qu'il disposait de connaissances pour répondre. Il n'a pas cherché plus loin et se hâte de les citer comme elles viennent. Comme il ne dispose pas d'une méthode pour construire son devoir, il pare au plus pressé à partir de ce qu'il a saisi d'emblée en lisant le sujet. D'où, quelquefois, des faux-sens et des « hors-sujet », et, dans tous les cas, un étalage de connaissances désordonnées. Le manque de méthode génère l'anxiété ; l'anxiété aggrave le manque de méthode.

Il faut apprendre à lire un énoncé : il donnera également la clef d'un « plan » pour le devoir, et les axes principaux pour ordonner ses connaissances. Mais, pour tirer pleinement parti du sujet, il ne faut pas se contenter de le lire et de le relire, c'est-à-dire de le percevoir : il faut l'*évoquer*, c'est-à-dire le redire dans sa tête ou le revoir. Seule une évocation peut en appeler une autre : seule l'évocation du sujet permettra d'appeler les connaissances nécessaires pour le traiter de manière pertinente et organisée. On pourra alors distinguer les différents aspects du sujet proposé, saisir les mots-clefs et leur articulation, et « ventiler » les données dont on dispose dans les catégories ainsi créées. On a alors toutes chances d'aboutir à un devoir organisé, qui traite le sujet, seulement le sujet, mais tout le sujet.

d) Mettre en valeur ses connaissances

La présentation d'un devoir compte en réalité beaucoup dans la note qui lui est attribuée, et c'est normal. Les élèves généralement ne le comprennent pas. Ils pensent que seules les idées comptent : elles doivent être appréciées en tant que telles, même mal exprimées ou masquées sous la mine repoussante d'un torchon. Ils estiment parfaitement injuste d'être jugés sur l'apparence. C'est une illusion pernicieuse dont il est très important de les faire revenir d'urgence, et à laquelle les parents doivent s'attaquer en priorité, arguments et exemples à l'appui.

Un professeur est généralement un lecteur idéal, tel que l'élève n'en rencontrera plus jamais au cours de sa vie adulte : même s'il a du mal à déchiffrer l'écriture, même si le texte est rédigé en mauvais français, il lit le devoir jusqu'au bout, parce que sa conscience professionnelle le lui commande. Dans la vie courante, ou dans la vie professionnelle, un texte mal présenté ou mal rédigé ne sera tout simplement pas lu : il sera jeté au panier, ou plus hypocritement placé sur une pile de documents, et oublié. Pour être lu, un document écrit doit d'abord créer chez son destinataire l'envie de lire : on parcourra d'abord l'ensemble du texte parce que son apparence est agréable ; on décidera de le lire dans le détail si cette première lecture rapide a fait ressortir des idées ou des faits intéressants.

Un texte écrit est d'abord un support de communication : si les conditions de la communication ne sont pas assurées par un minimum d'attractivité, celle-ci ne pourra même pas s'établir.

Certes, la réalisation d'un devoir s'appuie sur des conditions de communication privilégiées : celles de l'élève au professeur. Pourtant, le phénomène de répulsion créé par une mauvaise présentation existe malgré tout, même si le maître s'efforce de le surmonter pour comprendre le raisonnement ou les idées développées dans la copie. Il ne peut d'ailleurs en être autrement : les efforts nécessaires pour décrypter une écriture illisible ou redresser un français défaillant finiront très vite par absorber toute l'attention dont le lecteur est capable. A force de s'évertuer à déchiffrer le texte lui-même, on ne sait même plus à la fin de la page ce qu'on a lu.

Faites l'expérience : si l'on vous présente le même texte sous deux formes différentes — l'une dactylographiée, l'autre difficile à lire et parsemée de fautes d'orthographe — vous n'aurez aucun mal à apprécier son intérêt dans le premier cas ; dans le second cas, vous serez incapable de dire quelle est l'idée essentielle développée par son auteur.

L'élève doit prendre conscience de l'importance que revêt la *forme* de ses devoirs : mises en pages, calligraphie, mais aussi orthographe et rédaction. Il n'est pas inutile de lui montrer à quel point les professionnels de la communication se préoccupent de l'aspect extérieur du message : votre enfant est en fait très sensible à la manière dont sont présentés les affiches, les journaux, les livres qui l'intéressent. A lui de comprendre qu'il doit faire de même dès qu'il veut communiquer une idée, même dans le cadre scolaire et même dans un devoir.

Tout ceci est bien théorique, pensez-vous sans doute. Peut-être arriverai-je à convaincre mon enfant d'être plus soigneux : mais, si son orthographe est déplorable, cela ne suffira certainement pas !

Une mauvaise orthographe trouve d'abord son origine dans un mauvais apprentissage de l'orthographe — et c'est à quoi il faut essentiellement porter remède. Mais, de plus, elle ne fait généralement qu'empirer au fil des ans : l'adolescent qui n'est pas sûr de son orthographe se met à penser qu'il s'agit d'un détail sans importance ; il s'autorise ainsi à le négliger de plus en plus ! Il est donc extrêmement important de lui expliquer pourquoi il doit faire un effort pour redresser la situation avant qu'elle ne devienne irréversible : une mauvaise orthographe constituera pour lui une gêne parce qu'elle représentera toujours un obstacle à la communication. Et les occasions seront nombreuses où il devra s'exprimer par écrit : dès qu'il aura une démarche de quelque importance à effectuer.

Ecrire n'importe comment, c'est abîmer les mots : si l'on prend l'habitude de les voir ainsi estropiés sous sa plume, on perd l'image de la forme juste pour ne plus conserver dans son imagination que des formes approximatives. Si l'on comprend la nécessité d'orthographier correctement, on fera l'effort de rechercher l'image exacte du mot, et peu à peu de la retenir.

Lorsqu'on s'aperçoit que son enfant fait des fautes d'orthographe, il faut d'abord analyser la fréquence de ces fautes : certaines relèvent de l'orthographe d'usage ; d'autres de la méconnaissance ou de la mauvaise application de règles de grammaire. Au-delà de l'orthographe, c'est alors la correction et la qualité de la langue qui peuvent être affectées.

Comme nous l'avons déjà vu plus haut, l'apprentissage de l'orthographe des mots ne peut se faire que de deux manières : par *évocation visuelle* — après avoir regardé le mot, on le photographie dans sa tête : on vérifie que l'image évoquée est exacte ; on se redonne cette évocation — ou par *évocation verbale* — en regardant le mot, on l'épelle, puis on se redonne cette épellation dans sa tête.

Si aucune de ces deux procédures n'a été systématiquement et consciemment utilisée, le caractère approximatif de l'orthographe d'usage n'a vraiment rien d'étonnant. Il est grand temps de s'y mettre, et de le faire avec persévérance : d'où la nécessité de fournir à l'enfant de quoi alimenter sa motivation.

Si c'est l'orthographe d'accord qui s'avère déficiente, de deux choses l'une : ou les règles ne sont pas connues, et il faut les apprendre, en utilisant les procédures correctes pour assurer l'attention, la compréhension et la mémorisation. Ou les règles sont connues, mais ne sont pas toujours appliquées : c'est alors de l'établissement de consignes d'application qu'il faudra se préoccuper, comme nous l'avons vu plus haut. L'enfant doit acquérir le réflexe de s'y reporter lorsqu'il rencontre une difficulté, afin d'appeler la règle et de savoir comment en déduire la réponse appropriée. Il doit se doter de schémas verbaux ou visuels du type « Si je rencontre telle forme, alors je dois appeler telle règle », ou « si je rencontre telle forme, alors je dois me redire, ou revoir, tel exemple ».

L'arme absolue contre les fautes

Bien entendu, elle n'existe pas : sinon, plus personne ne ferait de fautes d'orthographe.

Il existe pourtant une arme efficace : la machine à écrire. Tous les enfants devraient d'ailleurs apprendre à dactylographier, non seulement pour acquérir une meilleure orthographe, mais aussi parce que la vie professionnelle actuelle rend la pratique du clavier indispensable.

Un adolescent qui a conscience d'avoir une mauvaise orthographe écrit généralement de plus en plus mal : il s'arrange ainsi pour camoufler ses fautes. On ne sait plus s'il y a un ou deux m, si la fin du mot comporte ou non un s. Cette habitude est dangereuse : à terme, on ne possède plus aucune certitude ; le texte devient illisible.

En apprenant à taper à la machine, on est obligé de choisir : ou l'on frappe sur le s, ou on n'en met pas. Il est bien évident que les « fautes de frappe » ne sont pas une excuse : un document doit être relu et, le cas échéant, corrigé à la main avant d'être présenté.

Nous avons, à plusieurs reprises, constaté une nette amélioration de l'orthographe chez des étudiants qui faisaient l'effort de taper à la machine tous leurs devoirs.

Dans tous les cas, un défaut de présentation ou de rédaction des devoirs ne doit pas être négligé : à l'examen en particulier, ce peut être l'origine de bien des déconvenues. Mais il ne suffit pas de prêcher pour redresser la situation. Il faut d'abord regarder de près ce qui, exactement, ne va pas, et en déduire des objectifs précis de progrès. Si les difficultés sont correctement analysées, et si l'on aide l'enfant à en comprendre l'origine, alors le remède n'est pas loin : l'utilisation des *gestes mentaux de l'apprentissage* apporte la méthode indispensable pour s'entraîner, et pour réussir.

* *
*

La plupart des enfants travaillent actuellement sans méthode : du moins sans méthode consciemment établie. Ceux qui réussissent le mieux s'en sont en fait forgé une de manière empirique : ils parviennent ainsi à obtenir des résultats relativement constants. Les autres alternent les demi-succès et les erreurs parce qu'ils travaillent « au petit bonheur la chance » : dès qu'ils ressentent une inquiétude ou un doute face au problème à traiter, parce que le temps est limité, ou parce que les devoirs précédents ont été mauvais, ou encore parce qu'ils sont conscients que leurs connaissances sont mal fixées, ils perdent leurs moyens, s'emballent en direction de la première solution venue, et répondent à tort et à travers. Il leur manque un guidage précis propre à leur donner la sûreté qui leur manque, et par là même davantage de confiance en eux.

Tous les enfants ont besoin de méthodes de travail pour réussir. Plus tôt ils peuvent les acquérir, moins ils rencontreront par la suite de difficultés ; mieux ils pourront les surmonter quand elles se présenteront. Les gestes mentaux découverts et décrits par Antoine de la Garanderie sont simple et précis : chaque enfant peut les comprendre ; un peu d'entraînement suffit à les assimiler. Bien entendu la maîtrise de ces gestes ne supprime pas l'effort : ce ne sont pas des potions magiques. La liberté de l'enfant est entière : il doit *choisir* de travailler mieux. Mais ce choix positif est singulièrement facilité par la connaissance des moyens. L'effort est moins pénible et plus gratifiant lorsqu'il ne s'exerce pas en vain.

La méthode La Garanderie n'est pas une solution de facilité : elle donne au contraire les moyens de l'ambition et du courage. Elle ne fournit pas des béquilles : elle dit comment marcher. C'est d'ailleurs là son plus grand mérite, car rien ne serait pire que de transformer nos enfants en assistés : mieux vaut les doter de méthodes de travail que de les « porter jusqu'au bac » à coup de « petits cours », comme malheureusement beaucoup de parents sont réduits à le faire. Il s'agit bel et bien au contraire de rendre nos enfants autonomes, et responsables de leurs décisions et de leur avenir.

3. Savoir dialoguer.

L'acquisition d'une méthode ne se fait pas du jour au lendemain : c'est au cours des études primaires qu'il faut, patiemment, montrer à l'enfant comment s'y prendre, et l'amener à assimiler les principes généraux de l'apprentissage. Au collège, la plupart des enfants ont encore du mal à travailler entièrement seuls : c'est une erreur de les contraindre à « se débrouiller » si l'on se rend compte qu'ils abordent leur travail de manière inquiète et désordonnée. Il faut les aider en observant avec eux la manière dont ils s'y prennent, et en leur proposant de construire avec eux des consignes précises qu'ils pourront se donner lorsqu'ils rencontreront telle ou telle difficulté : c'est le seul moyen de lever leur angoisse, et de leur faire acquérir une attitude à la fois plus calme et plus déterminée face à leur travail. Peu à peu, l'enfant apprend ainsi à travailler seul, comme il devra le faire au lycée.

Il n'est pas inutile pourtant, même avec un adolescent et même avec un étudiant, de faire périodiquement le point sur ses objectifs, et sur la manière dont il compte les atteindre : le bon dialogue avec un jeune homme ne consiste pas à jeter un coup d'œil distrait sur son bulletin, ou à faire des commentaires d'appréciation sur ses résultats. Il s'appuye sur un esprit de management appliqué à l'éducation de ses enfants : il ne s'agit pas de juger, mais de pousser à aller plus loin.

Se donner des objectifs précis, et se doter des moyens appropriés et réalistes pour les atteindre : voilà ce sur quoi il faut insister. Ce sont les bases d'un dialogue équilibré et positif entre un adulte plus expérimenté et un autre adulte plus jeune : il oblige le second à ne pas se laisser porter par la vague, comme il est si tentant et si dangereux de le faire de nos jours. A partir de là, en effet, on peut dire : « A toi de jouer ! »

Bien sûr, cette description de la relation éducative est idéale : dans les faits, elle se réalise avec des hauts et des bas. L'enfant comprend, puis tout à coup ne comprend plus ; alors que tout s'était bien passé jusque là, il semble décider de ne plus travailler, pour des raisons mystérieuses ; l'adolescent vous « envoie paître », alors que vous étiez armé des meilleures intentions.

Ces aléas ne doivent pas vous décourager de tenir le fil qui vous relie au comportement scolaire de votre enfant : il est beaucoup plus important pour lui que vous ne le pensez. Et, même si vous essuyez quelques rebuffades, cela ne prouve pas que votre message n'est pas passé. Un enfant dit « non », mais écoute quand même. Bien des choses que vous lui avez dites, et qu'il a paru ne pas même entendre, se sont en réalité gravées dans son esprit, et ont peut-être fait leur chemin. On reste toujours surpris de constater à quel point un adolescent absorbe ce qu'on lui dit, même lorsqu'il semble le refuser, ou ne pas

« Il ne s'intéresse pas à mes études »

C'est une réflexion beaucoup plus fréquente qu'on ne croit dans la bouche de jeunes étudiants : ils ont le sentiment que leur père ne *suit* pas leur parcours personnel, parce qu'il ne semble pas s'intéresser aux études qu'ils font, ou à celles qu'ils envisagent.

Ils ont en fait besoin d'un *supporter* : c'est-à-dire de quelqu'un qui les encourage, et qui les pousse à voir plus loin.

La recette est subtile : il ne s'agit sûrement pas de se mêler des études de son fils — il serait le premier à s'en plaindre ; mais de s'intéresser, de soutenir, d'aider à avancer : dans tous les cas, d'être positif.

y prêter attention. Un conseil intelligemment donné n'est jamais perdu.

Soyons cependant pragmatiques : votre enfant se situe actuellement à un point précis de son parcours scolaire ; votre premier souci est de le prendre là où il est, et de résoudre les difficultés au fur et à mesure qu'elles se présentent. Le dialogue constructif viendra après : pour l'instant, il s'agit de colmater les brèches, et de trouver des solutions pratiques ponctuelles. Voyons ensemble quelle peut être l'attitude à adopter selon les cas.

II) VOTRE ENFANT EST EN « ÉCHEC SCOLAIRE »

Force est de constater que ses résultats sont mauvais, qu'il devra redoubler son année, que les professeurs parlent d'« orientation », qu'il ne fait plus rien à l'école.

Bien entendu, cela vous désespère, pour de multiples raisons. Vous ne comprenez pas *pourquoi* il échoue. Il est manifestement intelligent ; il est parfaitement éveillé et *malin* dans la vie courante ; il réussit dans les activités qui lui plaisent, que ce soit le sport ou la musique. A l'école, il semble buter contre un mur, et vous sentez que cela ne peut qu'empirer. Plus il échoue, moins il imagine pouvoir réussir : maintenant il n'essaie même plus, et vous cherchez désespérément comment le motiver pour essayer de remonter la pente.

Parler de l'école avec lui devient un mauvais sujet de conversation : vous sentez que ses difficultés scolaires pèsent sur vos relations, à tel point que vous vous demandez si vraiment vous êtes à même de l'aider. Et d'ailleurs, comment ?

Petits cours, établissements privés, classes à effectifs réduits, devoirs ou stages de vacances : vous êtes prêt à tout essayer. A chaque fois, vous avez l'impression de saisir une nouvelle bouée de sauvetage, dans laquelle vous concentrez tout votre espoir. Malheureusement, vous vous rendez vite compte que, quels que soient le sérieux et la bonne volonté des uns et des autres, il n'existe pas de formule magique. Même si vous trouvez des aides ou des conseils ici et là, vous restez en réalité le seul à assumer la responsabilité du devenir de votre enfant. C'est à vous qu'il revient finalement de décider, alors que vous avez l'impression d'être absolument « dans le brouillard », et de ne pas disposer des éléments permettant à coup sûr de prendre les bonnes décisions.

Il n'y a d'ailleurs pas de *bonnes décisions* dans l'absolu, et le métier de parent a ceci de difficile que l'on n'est jamais sûr de bien faire. On ne saura que rétrospectivement si l'on a eu raison : pourtant, on est largement convaincu que l'on doit « faire quelque chose », que l'on ne doit pas simplement laisser la situation se dégrader en espérant un hypothétique redressement, et que la « politique du pire » suppose une mentalité de joueur que l'on ne peut pas se permettre de pratiquer avec son propre enfant.

L'attitude la meilleure consiste à réfléchir au problème d'une manière rationnelle : il s'agit à la fois d'être lucide, et d'éviter de sombrer dans l'affolement, qui est toujours mauvais conseiller. Il ne s'agit pas de prendre des décisions désespérées, ou des mesures de « dernière chance » qui accentueront d'ailleurs votre panique, et surtout celle de votre enfant.

Comment raisonner juste dans un domaine aussi sensible ? Tout d'abord en ne vous précipitant pas sur des solutions : il faut d'abord chercher les causes qui font que votre enfant ne réussit pas. Tant que celles-ci n'auront pas été identifiées, puis traitées, les remèdes auxquels vous pensez spontanément se révèleront inefficaces.

Ceux qui relèvent du « psy » sont rares

L'expérience montre que, dans l'immense majorité des cas, les causes pédagogiques sont prédominantes : les solutions sont elles aussi d'ordre pédagogique.

Sur 80 enfants en difficulté scolaire reçus en consultation au cours d'un trimestre dans notre Centre à Paris, 2 seulement ne relevaient pas d'une approche pédagogique ; ils ont été dirigés vers une consultation de caractère psychologique. C'est très peu : les 78 autres avaient tout simplement de mauvaises méthodes de travail.

C'est d'ailleurs un constat rassurant : ce qui est en cause, ce n'est pas la normalité de nos enfants, et heureusement ! C'est tout simplement leur manière d'apprendre à l'école.

Ce travail d'analyse doit être conduit de manière ordonnée : il faut toujours réfléchir aux causes matérielles et pratiques avant de songer à des causes de caractère psychologiques. Expliquer les difficultés scolaires de votre enfant par tel choc affectif, ou par tel événement de sa petite enfance est très largement insuffisant : c'est un rideau de fumée qui vous empêchera de voir les causes réelles de son échec. Ce type d'explication comporte au surplus un risque : ou bien l'on considère qu'il s'agit là d'une donnée sur laquelle on n'a plus de prise, et l'échec scolaire se transforme en fatalité ; ou bien on se précipite sur une thérapie qui n'est pas sans incidence pour l'enfant, et dont on ne sait pas dans quelle mesure, ni quand, elle débouchera sur des résultats concrets et positifs dans le domaine scolaire. Le détour est grand, et n'est pas absolument indolore : que penser d'un enfant en psychanalyse à 12 ans ? comment réagit *à l'intérieur* un adolescent que l'on emmène chez le « psy » et que l'on soumet à des batteries de tests ? Est-il « normal » ? est-il intelligent ? Réfléchissons bien avant de traiter des difficultés scolaires en termes de pathologie...

Le manque de motivation n'est pas non plus une cause suffisante, et ce n'est pas à cela qu'il faut songer d'abord.

Bien sûr votre enfant n'est plus très motivé par son travail scolaire : mais n'est-ce pas plutôt une conséquence de ses mauvais résultats ? S'il ne travaille pas, c'est probablement parce qu'il a l'impression que son travail est vain ; que même en faisant beaucoup d'efforts ses résultats ne s'amélioreront pas de manière certaine. De plus, comment agir sur sa motivation ?

L'action psychologique a ses limites, et ce n'est pas en lui faisant des discours moraux qu'on lui fournira des supports tangibles propres à lui redonner le goût du travail. Pour motiver un adulte, il ne suffit pas de lui raconter des histoires : il faut lui proposer des moyens précis pour atteindre les objectifs fixés. De même pour un enfant : il ne pourra se mobiliser que sur un objectif bien circonscrit, et à condition de sentir qu'il pourra l'atteindre.

Ce n'est donc pas par là qu'il faut débuter votre réflexion : mais au contraire en commençant par le plus simple, c'est-à-dire par ce qu'on a tendance à oublier. Avant de faire quoi que ce soit, vous devez vous poser, dans l'ordre, les trois questions suivantes :

1. **Y-a-t-il une déficience physiologique à laquelle vous n'auriez pas pensé ?**
2. **A-t-il ou non une bonne hygiène de vie ?**
3. **A-t-il ou non des méthodes de travail ?**

Les deux premières questions peuvent vous paraître de prime abord sans intérêt, et vous vous préparez à les éliminer. Vous auriez tort. Même si c'est effectivement la troisième qui livre généralement la clef de l'énigme, prenez le temps de bien réfléchir aux deux premières.

1. Lorsque nous parlons de déficiences physiologiques, nous ne pensons pas ici à des déficiences intellectuelles. Le cas des enfants affectés par un handicap

dans ce domaine n'est pas celui qui nous occupe pour l'instant.* Ne soyez pas inquiet, et ne vous précipitez pas pour faire mesurer le Q.I. de votre enfant, comme de nombreux parents le font trop souvent : vous êtes parfaitement à même de vous rendre compte que votre enfant est intelligent, et vous n'avez pas à en douter.

Par contre, il peut être gêné dans sa scolarité par une mauvaise vue, ou par une mauvaise audition à laquelle vous n'avez peut-être pas pensé ! Le cas personnel d'Antoine de la Garanderie, dont nous avons parlé au début de cet ouvrage est à cet égard éloquent : on ne s'est aperçu que très tard de ses difficultés d'audition, qui ont pourtant perturbé gravement ses études.

Le dépistage des anomalies de la vue est généralement assez bien fait : or il suffit parfois de porter des lunettes pour être plus attentif ! Par contre, les anomalies de l'audition sont très souvent ignorées : on y attache, à tort, moins d'importance ; on en sous-estime la fréquence. Or une diminution, même légère, de l'acuité auditive constitue pour un enfant un handicap considérable à l'école. Il a du mal à percevoir l'intégralité de ce que disent certains professeurs : que tel mot lui échappe, et c'est l'ensem-

---

* Antoine de la Garanderie pense que la gestion mentale pourrait avoir sa part dans l'éducation d'enfants handicapés, en ouvrant la voie d'une activation de leur vie mentale. Ses recherches sont actuellement en cours sur le sujet.

ble du message qui sera mal compris. En essayant de rétablir ce qui manque dans sa perception, l'enfant prend du retard, et l'accumule.

Certes, la compréhension et la mémorisation ne sont pas le seul fait de la perception : comme nous l'avons vu, il faut qu'il y ait, en plus, *évocation*. Mais encore faut-il que la perception ait joué pleinement son rôle, pour servir de support à cette évocation Les difficultés perceptives sont les premières auxquelles il faut songer et, le cas échéant, trouver remède.*

2. Une bonne hygiène de vie est une condition fondamentale de la réussite scolaire : c'est un domaine dans lequel les parents ont une responsabilité primordiale, et doivent user de leur autorité ou de leur influence.

Un sommeil suffisant, une nourriture équilibrée, un temps réservé pour les loisirs ou le jeu, un temps pour le travail : telle est la recette de base de la réussite à l'école.

Rien ne sert de travailler des heures et des heures, quitte à s'abrutir et à dormir les yeux ouverts. Ce sont les besoins fondamentaux d'un organisme en bonne santé qui doivent d'abord être assurés. Le sommeil est à cet égard tout à fait prioritaire.

Quand on travaille, on travaille — et il faut pour

* Le Ministère de l'Education Nationale et le Comité français d'éducation pour la santé ont publié à l'intention des élèves et des enseignants un dossier *Oui à l'ouïe*. Bon à savoir : un dépistage auditif des élèves est effectué au moment du bilan de 6 ans ; il peut être renouvelé à tout moment à la demande des enseignants, des parents ou des élèves.

cela disposer d'une méthode. Mais il convient aussi de savoir s'arrêter : cela ne sert à rien de rêvasser sur ses devoirs, ou de relire 25 fois ses leçons d'une manière purement mécanique.*

Par contre, il faut aussi que soit assuré un temps de travail régulier et suffisant. Si l'enfant a passé sa semaine à ne rien faire, et se met tout à coup à son travail le dimanche en fin d'après-midi, il est sûr qu'il n'arrivera à rien de bon : trop de préoccupations simultanées le conduiront à « paniquer ». Aucun travail sérieux ne peut être conduit sans un minimum de régularité et de planification : pour apprendre et pour réfléchir, il faut avoir un peu de temps devant soi, et s'organiser pour ne pas « buter sur l'obstacle ». Pour bien des enfants, il vaut mieux s'y reprendre à deux ou trois fois, par exemple, pour faire un devoir : à chaque fois, ils pourront travailler de manière concentrée pendant 1/2 heure à 1 heure, sans chercher à prolonger inutilement ce temps de travail. Une bonne organisation rend l'effort plus efficace et le travail plus facile.

Votre enfant a-t-il le temps de travailler ? Peut-

---

* Sur la nécessité de respecter les « rythmes biologiques » de l'enfant, on lira avec profit Le lièvre et la tortue de Catherine et Guy Vermeil (Ed. Stock). Le Docteur Vermeil est le spécialiste français des questions de rythme scolaire : il a fait ressortir l'incidence de la « fatigue à l'école » — titre de son précédent ouvrage — sur la réussite des enfants. Selon lui, une journée de 24 h doit comprendre des temps équilibrés de repos, de travail et de loisir : il est faux de penser qu'un déséquilibre se rattrape d'un jour sur l'autre !

il le faire tranquillement, sans trop de bruit autour de lui et sans être dérangé ? A-t-il de la place pour travailler, pour ranger ses affaires ? Telles sont les questions auxquelles vous devez apporter des réponses positives.

Ces considérations de bon sens sont évidemment banales. Ce serait pourtant un tort de les ignorer. Elles soulèvent en fait deux difficultés bien réelles :

— nous sommes amenés souvent, malheureusement, à imposer à nos enfants un mode de vie qui n'est pas fait pour eux. Nous subissons, c'est vrai, des contraintes liées à notre environnement et à notre activité professionnelle : et nous sommes nous-mêmes bousculés, stressés, parfois déséquilibrés. Comment pouvons-nous éviter d'en faire profiter nos enfants ? Et ne devrions-nous pas, quelquefois, nous interroger sur notre mode de vie et sur les priorités qui sont les nôtres ?

— il est souvent difficile d'assumer devant des adolescents le rôle de *parent nourricier* — « dors, mange, repose-toi » — ou de *parent critique*, mesurant les sorties, prônant l'ordre et l'organisation. L'enfant a pourtant absolument besoin de butoirs. Il ne s'agit pas d'être tatillon, encore moins indiscret, mais de rappeler des lignes de force, des objectifs, de donner si l'on peut l'exemple et, dans tous les cas, de négocier. C'est, pour votre enfant, le début d'une réflexion salutaire.

3. Reste à s'interroger sur les méthodes de travail de votre enfant. S'il échoue, s'il bute sur des difficultés qu'il a de plus en plus de mal à surmonter, il y a fort à parier que c'est là, essentiellement, que le *bât blesse*.

Il ne sait pas comment travailler, tout simplement parce que personne, jamais, ne le lui a appris. Ou bien encore il se trouve devant des professeurs qui lui proposent des modes d'apprentissage qu'il ne peut pas faire siens.

Pour l'aider, vous allez vous livrer à une double investigation : comment s'y prend-il pour aborder son travail scolaire ? comment reçoit-il l'enseignement de ses professeurs ?

Laissez d'abord de côté toute idée de jugement : ce n'est pas une enquête policière ; il ne s'agit pas de trouver le coupable, mais la solution. Peut-être aurez-vous tendance, spontanément, à trouver tel comportement aberrant, ou à vous enflammer aux récits que vous fait votre enfant des cours de tel professeur. Même si vous pouvez avoir raison, ne vous hâtez pas de conclure : observez d'abord en cherchant tout simplement à comprendre.

C'est un voyage dans la tête de votre enfant que vous entreprenez. Il faut que vous vous efforciez d'emprunter avec lui ses cheminements habituels avant de lui proposer des raccourcis, ou des avenues plus larges et mieux balisées. De même, il vous faut essayer de saisir comment le professeur procède : de toutes manières vous ne le changerez pas.

Cette observation consiste à demander à votre

enfant « comment il s'y prend pour... » : pour apprendre une leçon, pour lire le sujet du devoir, pour appliquer une règle qu'il connaît, pour construire un plan, pour développer ses idées. Elle consiste aussi à le regarder faire, y compris dans ses travaux non scolaires.*

L'attention que vous lui portez ainsi a déjà valeur pédagogique : pour vous, et pour lui. Elle l'amène à se poser des questions sur la manière dont il opère, à laquelle jusque-là il ne s'était probablement jamais intéressé. Le simple fait de s'interroger sur ses procédures lui fait envisager son travail autrement, et crée des perspectives d'évolution : à la passivité se substitue peu à peu la conscience de ce que l'on est et de ce que l'on fait.

Pour vous, il peut s'agir d'une découverte : votre enfant possède ses modes de fonctionnement propres, même s'ils ne sont pas *au point*. Il est différent de vous : vous le saviez en théorie, mais vous touchez maintenant du doigt des éléments précis de sa personnalité.

Vous voyez aussi où sont ses lacunes. Il ne sait pas apprendre. Il contrôle mal son attention ; ses procédures sont hasardeuses ; il dépense trop d'énergie pour peu de résultats. Rien d'étonnant qu'il se décourage.

Il va falloir reconstruire : mais en tenant compte malgré tout de ce qu'il est, et des habitudes menta-

* Sur le détail pratique de cette observation, je vous conseille de vous reporter au manuel Aidez votre enfant à réussir.

les qui sont les siennes. Si votre observation a servi à quelque chose, c'est bien à vous convaincre que vous devez vous adapter à lui : ce n'est pas lui qui peut, actuellement, s'adapter à vous. Inutile donc de lui imposer votre manière de faire : cela ne lui serait d'aucune aide ; pire encore, vous ne feriez que le perturber davantage.

Il s'agit de trouver les procédures rationnelles qu'il peut le plus aisément pratiquer, et qui seront les plus « économiques » pour lui. La recherche de l'économie de moyens en matière de travail intellectuel est une idée essentielle : pour réussir, il faut savoir utiliser et canaliser au mieux son énergie, et trouver le meilleur rendement possible de ses capacités.

Si votre enfant est en « échec scolaire », c'est précisément parce qu'il utilise mal ses capacités, parce que les procédures qu'il utilise sont d'un mauvais rendement, parce qu'il n'y a pas de compatibilité entre l'effort qu'on lui demande et celui qu'il fournit.

Selon toutes probabilités, deux causes fondamentales peuvent être à l'origine de cette situation :

— votre enfant se trouve devant un maître dont la *gestion mentale* est à l'opposé de la sienne. **Il s'agit pour vous de combler ce manque de communication pédagogique en faisant œuvre de traduction ;**

— ses évocations sont très insuffisantes : il n'a pas pris l'habitude de se donner des images mentales visuelles ou auditives. **Il s'agit pour vous de lui apprendre à évoquer.**

1 Combler un manque de communication.

S'il ne s'agit que d'une incompatibilité avec la manière dont le maître enseigne, les difficultés que rencontre votre enfant réclament votre vigilance, mais ne doivent pas vous alarmer. Sa capacité intrinsèque à réussir n'est pas en cause : il est simplement en difficulté par rapport à une situation pédagogique donnée. Il est cependant utile que vous interveniez tout de suite : pour lui éviter de perdre une année, et surtout pour qu'il n'entre pas dans la spirale pernicieuse de l'échec. Certaines certitudes sont dangereuses : croire que l'on ne comprendra jamais rien aux mathématiques par exemple, ou que l'on sera toujours nul en orthographe.

Or il peut arriver que votre enfant se trouve cette année devant un maître avec lequel « il ne comprend rien » ; ce peut être pourtant un bon enseignant, qui connaît bien sa partie et se donne du mal pour apporter des explications qu'il estime claires et « pédagogiques ». Une partie de la classe suit d'ailleurs son cours sans difficulté ; seuls quelques élèves restent à la traîne, et votre enfant fait partie du lot. Pourtant, l'année passée, il suivait normalement le cours dispensé par un autre maître.

L'explication est vraisemblablement la suivante : votre enfant est très « visuel », et se trouve devant un maître très « auditif » ; ou c'est le contraire : le maître « visuel » ne parvient pas à trouver un langage pédagogique que puisse comprendre l'enfant « auditif ». Il n'en a d'ailleurs même pas l'idée, tant il est persuadé que tout le monde procède comme lui.

Cette incompatibilité foncière trouve son origine dans notre manque d'imagination : nous ne soupçonnons même pas que les autres puissent avoir une *gestion mentale* différente de celle que nous pratiquons, et dont nous avons toujours eu l'habitude.

En toute bonne foi, le maître ne se rend pas compte que la manière dont il procède pour faire son cours est révélatrice de ses procédures mentales propres : sa manière d'expliquer lui paraît naturelle, et donc universelle. Il serait très surpris de constater que d'autres cheminements sont possibles : et que certains de ses élèves, en particulier, auraient besoin de les pratiquer pour comprendre.

Imaginons un maître très « visuel ». Le voici au tableau : il exécute un croquis impeccable, inscrit avec soin les légendes, et colore les zones essentielles. Pour lui, la manière dont les élèves vont procéder ne fait pas de doute : ils vont *photographier* ce qu'il a dessiné avec un grand souci de précision, et emmagasiner cette image visuelle dans leur tête : lors d'une interrogation ou d'un devoir ultérieurs, ils pourront le reproduire et, à partir de là, se livrer à une description ordonnée et détaillée. Le maître a ainsi le sentiment d'avoir bien fait son travail : aussi n'ajoute-t-il que quelques commentaires, comme ils lui viennent, à propos de tel ou tel aspect de son croquis. Ce n'est pour lui que matière à meubler le silence, et il ne se soucie ni d'ordonner ce qu'il dit, ni de choisir ses mots. Il est bien évident que la substance de la leçon n'est pas dans le discours, mais dans le schéma présenté visuellement.

Pour les quelques élèves très auditifs de la classe, l'épreuve est rude. Il leur aurait fallu, pour suivre aisément la démonstration visuelle, une explication verbale préalable. Cela les aurait aidé considérablement à traduire leur perception visuelle en images verbales. Ils ont beaucoup de mal à le faire d'eux-mêmes, au rythme où le schéma est exécuté. Comme ils doivent, pour comprendre, se commenter chaque aspect du croquis au fur et à mesure qu'il s'élabore, ils risquent fort de prendre du retard, puis de l'accumuler : très vite, ils vont baisser les bras. Les commentaires rapides faits par le maître ne leur sont d'aucun secours : trop vagues, trop épars, trop désordonnés, ils ne leur donnent pas la clef de compréhension qui leur manque. Si chaque leçon est présentée de la même manière, ils acquièrent le sentiment de ne rien comprendre, et se persuadent au bout de quelque temps qu'ils n'y peuvent rien.

Bien entendu, la situation inverse aboutit au même résultat. Le maître « auditif » n'imagine pas faire son cours autrement que sous la forme d'un discours, d'ailleurs très élaboré : ses explications s'enchaînent de manière parfaitement ordonnée, soulignant les liens de cause à effet, le déroulement temporel du phénomène étudié, l'intérêt des comparaisons, l'importance de telle conclusion. Le déroulement du raisonnement est parfaitement rigoureux ; les expressions sont choisies avec soin. Il ne fait pas de doute que les élèves vont *enregistrer* les phrases-clés qui jalonnent la démonstration et pourront ainsi la restituer sans difficulté : c'est à peine si parfois le maître note quelques mots au tableau, comme distraitement. Leur sens et leur articulation sont d'ailleurs incompréhensibles à qui n'a pas suivi les explications données oralement. Il s'agit en fait d'une simple ponctuation du discours, sans réelle importance aux yeux du maître.

Les quelques enfants très « visuels » de la classe se sentent impuissants devant ce torrent de mots. Pour le suivre, il leur aurait fallu un schéma préalable qui leur permette de « cadrer » les grandes masses du développement : un plan écrit au tableau les aurait aidés ; plus encore, une photographie ou un croquis leur présentant une vue globale du phénomène, avant d'entrer dans le détail de son développement. Faute de pouvoir situer ce qui est dit, ils ne parviennent pas à traduire les mots en images visuelles précises qui seraient pour eux la clef de la compréhension. Ce ne sont évidemment pas les quelques notations du tableau qui peuvent les aider, car les photographier telles quelles ne leur livre aucun sens. Ils se contentent donc d'entendre, comme abasourdis, le brillant exposé du professeur : mais il ne leur en reste rien, car ils ont été incapables de le *coder*

Interrompons-nous quelques instants pour dissiper le malentendu qui pourrait naître de la lecture de ces lignes. Bien entendu, lorsque nous parlons de

« visuel » ou d'« auditif », nous nous situons au niveau de l'évocation et non au niveau de la perception. Un « visuel » va se donner des images mentales visuelles à partir de ce qu'il entend ; un « auditif », une représentation mentale auditive ou verbale de ce qu'il voit. Il n'est pas question de condamner un visuel à n'apprendre qu'en voyant, un auditif à ne comprendre qu'en écoutant. Chacun peut traduire ses perceptions dans sa langue maternelle mentale.

Il n'en reste pas moins que tout est plus facile lorsqu'il y a consonance entre la perception et l'évocation. Et que tout devient difficile — particulièrement si l'enfant n'a pas acquis une certaine virtuosité mentale — s'il y a dissonance systématique. L'enfant peut traduire dans sa langue maternelle mentale : mais il lui faut une attention soutenue et surtout du temps. Si le maître use systématiquement d'un mode de présentation qui l'oblige à cette transposition, sans lui laisser le temps de le faire, l'enfant va prendre du retard, puis l'accumuler à un point tel qu'il finira par se décourager.

Si vous vous apercevez que votre enfant se trouve dans cette situation, vous pouvez l'aider beaucoup en reprenant le cours sous une autre forme que celle utilisée par le maître. Aidez-le à mettre des images sous les mots, ou des mots sur les images. S'il a besoin de donner des images visuelles, efforcez-vous avec lui de reconstituer le plan du cours et de le mettre noir sur blanc ; trouvez ensemble une illustration représentative qu'il pourra se mettre en tête, et à partir de laquelle il pourra rebâtir un développement. A l'inverse, vous pouvez aider votre enfant auditif à construire un commentaire ordonné et précis du schéma présenté par le professeur ; vous pouvez prendre le temps, avec lui, d'expliquer la démonstration faite au tableau. Peu à peu, votre enfant reprendra confiance, comprendra comment il doit opérer pour traduire ses perceptions dans sa langue maternelle mentale. Il aura acquis une souplesse supplémentaire. Peut-être, l'année prochaine, aura-t-il de nouveau un maître qu'il pourra comprendre sans aucun effort.

Bien des difficultés scolaires sont liées à des incompatibilités de cette sorte entre maître et élève. Elles diminueraient beaucoup si les enseignants étaient mieux avertis de la diversité des stratégies mentales possibles, et de la nécessité de repenser, de manière diversifiée, la présentation de leurs cours. De même est-il utile, si l'on souhaite apporter à l'enfant une aide efficace, de repérer lequel des deux parents possède des habitudes mentales similaires à celle de l'enfant : c'est lui qui, dans un premier temps, pourra apporter un complément d'explications directement assimilable.

2. Apprendre à évoquer

Seconde hypothèse, en cas de difficultés graves ou répétitives : votre enfant ne dispose d'aucune habitude évocative, ou ses évocations sont très insuffisantes. Il serait bien inutile de vouloir dresser son « profil pédagogique » : ce serait un profil plat, car il ne gère vraiment ni images mentales visuelles ni représentations auditives ou verbales. Un nombre non négligeable d'enfants est dans cette situation : cela ne signifie nullement qu'ils ne soient pas intelligents. Par contre, ils sont voués à rencontrer d'énormes difficultés tout au long de leur parcours scolaire, et même professionnel.

Pas de réussite sans évocation

Nous l'avons constaté : parmi les enfants que nous recevons dans notre centre, un certain nombre d'écoliers et de collégiens n'*évoquent* presque pas. Aucun lycéen n'est dans cette situation.

L'explication est simple : s'il n'utilise pas d'évocations, un enfant est incapable de suivre un cursus scolaire long. Il est éliminé dès la fin de la 5e, et en tout cas avant d'entrer en seconde.

La capacité à gérer des évocations semble bel et bien constituer le point de départ déterminant du parcours scolaire. Le rôle des parents dans la mise en place de cette activité mentale est considérable : c'est dès son jeune âge qu'un enfant doit bénéficier d'incitations à développer sa vie intellectuelle intérieure.

Le schéma « perception-action » qui est le leur, limite énormément leur capacité d'assimilation et de réflexion. Il les conduit à réagir immédiatement aux sollicitations de l'environnement, et à diluer leurs capacités dans un activisme brouillon. Ils ont du mal à être attentifs, puisqu'ils perçoivent sans projet de se redire ou de revoir : leurs perceptions les emportent trop vite d'un sujet à un autre. Rien ne s'imprime dans leur tête, ou des représentations très floues : leur capacité de mémoriser, et même de comprendre se trouve ainsi entamée. Les quelques évocations qu'ils ont sont fuyantes ou désordonnées ; ce sont des associations d'idées, des évocations spontanées ou fugitives sur lesquelles ils ne peuvent pas s'appuyer pour construire leur travail.

Le manque d'évocations pourra être momentanément compensé par un surcroît de perceptions : pour apprendre l'orthographe d'un mot, l'enfant l'écrira un grand nombre de fois, et finira en effet par s'en souvenir, du moins un certain temps. Il répétera tout haut sa leçon ou le poème qu'il doit apprendre : à force, il finira par le savoir, mais il aura bien du mal, lors de l'interrogation, à se détacher du « par cœur ». Ce travail laborieux ne le mènera pas loin : seul l'usage d'évocations conscientes peut lui permettre d'aboutir à de meilleurs résultats au prix d'efforts bien moins grands.

Sans doute ne lui a-t-on jamais expliqué ce qu'est une évocation, et cela n'a d'ailleurs rien d'étonnant : il se trouve qu'il ne l'a pas trouvé tout seul. Il convient donc de le lui apprendre, et surtout de le lui faire pratiquer.

Lui montrer qu'il peut revoir dans sa tête, ou qu'il peut se redire ce qu'il vient de percevoir, sera peut-être pour lui une découverte. Il n'avait jamais pensé qu'il pouvait ainsi s'approprier la réalité extérieure. La présentation du mécanisme lui-même est importante : il doit comprendre qu'il peut évoquer à volonté, et de manière consciente.

Il est maintenant indispensable qu'il s'entraîne, et que vous aidiez à le faire *tous azimuts*. Ne commencez pas par des applications scolaires : suggérez-lui de tester sa nouvelle capacité à évoquer en se livrant à son activité manuelle ou sportive favorite. C'est sans doute dans ce domaine qu'il lui sera le plus aisé de se donner des images mentales des gestes à faire, ou du montage correct à effectuer. Si vous regardez ensemble un film à la télévision, l'occasion vous est fournie d'évoquer avec lui telle scène, et de comparer la nature de vos « traces mentales ». Ses évocations seront sans doute, au départ, imprécises ou éphémères : vous pouvez lui montrer l'intérêt qu'il y a à revoir tel détail, ou à réentendre telle réplique ; puis insister sur la nuance de la couleur ou du mouvement, sur le ton de la voix. Vous viendrez ensuite aux applications scolaires : évoquer les mots, les chiffres, leur succession ; évoquer à partir de la lecture, de l'observation, de l'écoute. Le mécanisme étant compris et acquis, votre enfant pourra en développer les applications au fur et à mesure qu'il rencontrera de nouvelles difficulés, et désirera les surmonter.

Si votre enfant se débat dans des difficultés scolaires graves, votre désir et votre devoir sont de l'aider à s'en sortir. Ce n'est pas toujours facile, mais c'est toujours possible. L'essentiel est de ne pas agir de manière désordonnée, mais au contraire d'aborder le problème sans panique et de manière réfléchie.

Il s'agit d'abord d'analyser ses difficultés et leurs causes : la lecture de ce chapitre vous aura aidé à le faire de manière méthodique. Il s'agit ensuite de trouver les bons remèdes. Ils peuvent, dans bien des cas, être d'abord de nature pratique : assurer à votre enfant davantage de tranquillité, davantage de temps de travail, un meilleur *régime* de vie. Bien sûr ces modifications des habitudes familiales ne se feront pas d'un coup, ni toujours aisément. Nul ne peut prétendre à la perfection en la matière : cela ne doit pas empêcher de rechercher des améliorations relatives. Personne ne vit dans des conditions idéales : il est pourtant nécessaire d'apporter un peu de sagesse dans notre quotidien, de réfléchir de temps en temps aux priorités qui doivent être les nôtres, et de faire des choix raisonnables. Pas de décisions brutales ou intempestives : vous n'allez pas, du jour au lendemain, supprimer la télévision ou modifier radicalement votre existence. Les *bonnes résolutions* ne durent généralement pas longtemps, parce qu'elles sont trop abso-

Le point de départ d'une activité intellectuelle efficace

« *Entre l'écoute ou le regard que l'élève porte sur le message scolaire et l'efficacité qu'il en retire se situe l'acte d'évocation.* »

Antoine de la Garanderie. Comprendre et imaginer.

Evoquer, c'est faire exister dans sa tête ce que l'on a perçu, en se le « redonnant » sous forme d'images mentales, visuelles ou auditives.

L'évocation doit être
- consciente et non implicite
- volontaire et non spontanée.

On peut travailler la richesse, la précision, l'amplitude de ses évocations.

On peut tout simplement acquérir l'habitude d'évoquer : c'est un entraînement mental à la portée de tous.

lues et impossibles à tenir quotidiennement. Il faut évoluer en douceur, expliquer et négocier.

Votre enfant a de très mauvaises méthodes de travail ? Il va vous falloir investir : du temps, de l'argent, de l'énergie. Cela en vaut vraiment la peine, si vos investissements sont intelligemment pensés. Ce n'est pas simplement en dépensant de l'argent que vous trouverez la solution : n'imaginez pas que vous pouvez vous reposer entièrement sur des spécialistes, censés prendre entièrement le problème en charge. Il est bien rare que des pensions sophistiquées ou des consultations, même excellentes, créent des miracles.

Le premier investissement que vous ayiez à faire, et le plus rentable, consiste à vous former : pour comprendre ce qui se passe — ou ne se passe pas — dans la tête de votre enfant. Cette découverte de la réalité de la vie mentale — qui d'ailleurs vous passionnera aussi à titre personnel — modifiera le regard que vous portez sur vos enfants : ils seront sensibles au fait que vous ayiez consacré deux jours, dans votre emploi du temps probablement chargé, *pour eux*.

A partir de là, ils accepteront sans doute de se former à leur tour à de meilleures méthodes de travail. Cela vous demandera, à n'en pas douter, un investissement financier. Il en est probablement de moins utiles. Calculer ce que l'on dépense pour sa voiture, pour ses vacances, pour les loisirs ou l'habillement de ses enfants amène à se poser des questions : l'éducation ne devrait-elle pas constituer un « poste budgétaire » au moins aussi important ? Investir dans la réussite de ses enfants, c'est au fond le meilleur calcul que l'on puisse faire pour l'avenir.

En matière de relations humaines, rien ne se fait sans un investissement personnel puissant : ce sont votre énergie, votre ouverture, votre intelligence qui vont entrer en jeu pour aider votre enfant. Sans aucun doute cela vous demandera beaucoup de vous-même : vous aurez parfois l'impression que les résultats ne sont pas à la mesure de votre effort. Et puis, tout à coup, vous sentirez qu'un déclic s'est fait, que votre enfant a trouvé sa voie, qu'il pourra continuer tout seul : vraiment vous n'aurez pas perdu votre temps.

III) L'ÉLÈVE MOYEN : « PEUT MIEUX FAIRE »

C'est la remarque qui s'inscrit le plus souvent sur les bulletins scolaires de votre enfant. D'ailleurs, vous partagez cette opinion : il pourrait certainement mieux faire.

En un sens, vous n'avez rien à lui reprocher, ni vraiment matière à vous inquiéter : il a pris l'habitude de passer d'une classe à l'autre au plus juste ; la moyenne de ses résultats tourne autour de 10 ; il n'est pas le dernier, et aucune menace vraiment sérieuse ne plane sur son horizon. Il aura le bac, même si ce n'est pas du premier coup ; il semble ajuster ses efforts pour se maintenir dans une honnête médiocrité. Et pourtant...

Pourtant, vous avez le sentiment que cette situation n'est pas satisfaisante ; qu'il est dangereux de se contenter d'aussi peu ; et que cette moyenne apparemment anodine risque de conduire, à plus ou moins court terme, à quelques désillusions. Au lycée, il ne pourra pas prétendre entrer dans les sections qui permettent de mener les études supérieures qu'il souhaite ; si l'on se rabat sur d'autres — par nécessité et non par choix — il continuera un parcours « pépère » qui n'offre guère d'intérêt ni de perspectives : les sections dites « littéraires » sont parfaitement valables — à condition d'être bon en français !

La lecture de ses notes offre un cocktail peu enthousiasmant de notes médiocres (elles s'échelonnent de 8 à 11), de quelques bons résultats et de quelques désastres. Les appréciations naviguent dans les généralités (« manque de méthode », « manque de bases solides », « encore un effort », « ne tire pas parti de ses capacités ») : manifestement les professeurs ont l'impression qu'il ne travaille pas, ou peu. Les matières dans lesquelles les résultats sont mauvais suffisent à tirer vers le bas un ensemble par ailleurs trop moyen, et vous n'entendez que des « mais » : il pourrait envisager des études scientifiques, car il n'est pas si mauvais en mathématiques, *mais* son français est par trop déplorable, ou il est nul en chimie. Il pourrait envisager une section B, *mais* ses résultats en mathématiques ne sont pas suffisants. Il pourrait réussir des études littéraires, *mais* il est handicapé par sa nullité en deuxième langue. Bref, il y a toujours quelque chose qui ne va pas, et rien qui aille vraiment très bien.

Vous hésitez sur l'attitude à adopter. Parfois, vous pensez qu'il est inutile de forcer la nature, et vous espérez en un éventuel réveil : il peut d'ailleurs en effet se produire, car l'adolescence est un âge de grandes mutations, et une évolution positive peut succéder à une période de crise de croissance. Parfois, vous prenez le mors aux dents, car vous trouvez stupide de se traîner ainsi dans ses études : vous avez l'impression qu'il n'en tire aucun profit, et qu'il se prépare fort mal à entrer dans l'âge adulte.

Dans les deux cas vous n'avez pas tort. Mais il faut trouver un comportement efficace, qui ne balance pas entre les deux extrêmes du laisser-faire et du stakhanovisme : votre enfant a besoin que votre attention soit constante, équilibrée, homogène.

Ce n'est pas en le tannant, en le tançant, en le punissant, puis en le récompensant, que vous obtiendrez des résultats. Bien au contraire, votre enfant se trouverait abasourdi par tant d'élans contradictoires : très vite, il adopterait un comportement bien connu qui consiste à « attendre que ça se passe ». Il s'agit au contraire de le convaincre que vous allez faire équipe pour progresser dans le sens qui l'intéresse.

Sans doute ne travaille-t-il pas assez. Ou bien alors il travaille mal : ses professeurs ont l'impression qu'il n'a rien fait alors qu'il a passé du temps sur sa leçon ou sur son devoir. Mais ce temps a été mal utilisé : votre enfant est probablement lent ; son effort a un mauvais *rendement*.

On se console souvent de résultats médiocres en

les attribuant à un travail insuffisant ; par un raisonnement apparemment logique, on se dit qu'un travail plus soutenu conduirait à une amélioration certaine. Il n'y a donc pas lieu de s'inquiéter : dès que l'enfant voudra bien produire un effort supplémentaire, tout ira très bien. On pense que le secret de la réussite est d'ordre psychologique : il suffirait que l'enfant soit plus motivé, ou au contraire piqué au vif par un échec, pour qu'il se reprennne, et transforme des bulletins grisâtres en bulletins victorieux. C'est en fait une vue simpliste de la réalité. Certes la motivation joue un rôle dans le succès : et les parents peuvent y contribuer en encourageant, en expliquant, en montrant l'importance des résultats à obtenir. Mais il ne faut pas oublier que la motivation personnelle est liée au sentiment intime que l'on a de ses capacités, des moyens qu'il faudrait mettre en œuvre pour réussir, et de la probabilité de les réunir. Si votre enfant a endossé depuis un certain temps l'habit de l'élève moyen, sa motivation ne peut qu'être émoussée ; il sait bien qu'il ne lui suffirait pas de travailler davantage pour réussir, parce que son travail n'est pas assez efficace : il lui faudrait en réalité multiplier son effort par dix pour parvenir à de bons résultats. En fait, il travaille peu, ou mal, tout simplement parce qu'il ne sait pas travailler.

C'est donc d'une méthode de travail que votre enfant a besoin ; et d'un plan de bataille qui lui donne des objectifs précis de progrès.

Le propre d'un ensemble moyen, c'est qu'il

n'offre guère de *prises* pour avancer. Votre enfant ne sait pas trop par quoi commencer. Vous pouvez l'aider à déterminer des objectifs prioritaires : on ne peut vouloir tout améliorer à la fois ; il faut concentrer son énergie et son effort sur des points précis, assurer les premiers résultats avant de passer à d'autres.

Votre dialogue servira d'abord à mieux cerner ses objectifs personnels : y a-t-il une matière — ou un type d'exercices — dans lesquels il veut, pour différentes raisons, obtenir de meilleurs résultats ? S'il faut, à ses yeux, d'abord travailler la chimie, ou l'anglais, qu'à cela ne tienne ! L'essentiel est d'*accrocher* les premiers résultats.

Peut-être n'a-t-il aucune idée des priorités à établir dans son travail ? Votre rôle consiste alors à les fair ressortir avec lui. Laissez pour l'instant de côté les disciplines où les résultats sont vraiment moyens, et intéressez-vous d'abord à celles où les résultats sont mauvais ; puis à celles où ils sont convenables.

Efforcez-vous de fixer ensemble un double objectif :

— combler les plus grosses lacunes,

— affirmer les bons résultats.

Il est important, en effet, de ne pas se limiter à un objectif de « repêchage » : obtenir de bons résultats dans un domaine précis est essentiel pour votre enfant ; il y a certainement une discipline dans laquelle il peut briguer la situation de « bon élève », s'il s'en donne les moyens.

Doué ; ne fait rien

Cette appréciation recèle souvent un brin d'admiration de la part des enseignants ; l'élève est assez content de lui ; les parents font mine de gronder, mais sont au fond soulagés : si l'enfant réussit médiocrement sans rien faire, c'est qu'il est fort intelligent. Et chacun sait qu'il vaut mieux être intelligent et paresseux que bête et laborieux...

Votre enfant mérite davantage d'exigence. Un élève qui ne travaille pas est souvent quelqu'un qui ne sait pas travailler : même s'il est brillant, ou astucieux, cela risque de lui jouer des tours. Ses études vont glisser sur lui sans qu'il en retire la substance : il en ressortira tel qu'il y est entré, et c'est dommage. Au coude à coude de la vie professionnelle, ce sont les jeunes gens qui auront tiré la meilleure *valeur ajoutée* de leur cursus qui prendront le pas sur lui.

La méthode que je vous propose pour aider votre enfant à progresser consiste donc à mener de front deux actions : redresser un point faible, construire un point fort. Dès que des résultats positifs apparaîtront, ils serviront de moteur et de modèle à une amélioration générale des résultats.

1. Redresser un point faible.

Avec votre enfant, efforcez-vous de repérer la matière, ou le type d'exercices, ou le savoir-faire qui focalisent les plus mauvais résultats.

Peut-être votre enfant éprouve-t-il les plus grandes difficultés en mathématiques (en algèbre ? en géométrie ?), ou en allemand, ou en géographie. Peut-être a-t-il une orthographe déplorable (orthographe d'usage ? d'accord ?). Peut-être ne peut-il pas apprendre par cœur ? Ou ne parvient-il pas à appliquer à un exercice donné les connaissances qu'il a pourtant acquises ?

Essayez de cerner avec le plus de précision possible la difficulté essentielle qu'il rencontre, et de l'amener à vous présenter un cas-type de devoir « raté ». Fixez-vous sur une discipline, puis sur l'un des savoir-faire que nous avons présentés p. 91 — celui qui semble pêcher le plus :

— l'apprentissage (s'il a essentiellement du mal à apprendre ses leçons, à retenir des mots, des faits, des chiffres, des règles...),

— l'application (s'il parvient mal à utiliser ses connaissances pour résoudre un problème, traiter un sujet, écrire correctement...),

— la construction (si ses devoirs sont « fouillis », s'il ne parvient pas à mettre ses idées en ordre),

— la présentation (s'il semble incapable de soin, s'il se contente le plus souvent d'à peu près).

Surtout ne portez pas de jugement, et abstenez-vous de remarques du type « c'est pourtant simple ». Le repérage objectif de ce qu'il fait *le plus mal* est une étape nécessaire sur la voie du progrès : c'est un travail positif que vous entreprenez ensemble.

Cette analyse effectuée, vous pourrez la mettre en rapport avec ce que vous savez de votre enfant. S'il ne réussit particulièrement pas dans ce domaine précis, cela est sans doute dû aux caractéristiques propres à ses habitudes mentales personnelles, et accentué par une mauvaise méthode générale de travail. Dans d'autres domaines, qui lui sont naturellement plus ouverts et plus faciles, en raison du type d'évocations qu'il gère le mieux, il parvient à *s'en sortir* de manière honorable, malgré un travail tout aussi empirique.

Ses difficultés majeures constituent donc une « loupe grossissante » qui permettra de mieux voir ce qui pêche dans l'ensemble de son travail

Votre démarche va consister à observer pour reconstruire. Vous allez tenter de comprendre quelles sont les habitudes évocatives de votre enfant, et en quoi elles peuvent le bloquer dans certains types d'activité intellectuelle ; puis vous vous appliquerez à les faire progresser au travers de *gestes mentaux* plus conscients, plus réfléchis et plus systématiques.

Que votre enfant soit « visuel » ou « auditif » est en soi neutre. Il a simplement pris l'habitude de se donner de ce qu'il perçoit des images mentales visuelles (il *photographie* dans sa tête) ou des représentations mentales auditives (il *enregistre* dans sa tête, ou il se redit). Chacun de ces modes de *gestion mentale* peut être excellent, s'il est très bien pratiqué. Mais il peut aussi comporter quelques inconvénients, si son exercice en est plus spontané que volontaire : la prise de conscience de ses habitudes mentales constitue d'ailleurs le premier pas vers une meilleure efficacité intellectuelle, puisqu'on va pouvoir désormais diriger ce que l'on faisait sans y penser. On pourra ainsi s'entraîner à plus de rapidité, à plus de précision, à plus de sûreté.

Les deux tableaux des pages suivantes récapitulent les difficultés essentielles que rencontrent souvent les enfants très « visuels » ou très « auditifs »*. Ces difficultés sont généralement accentuées par le caractère empirique et désordonné des habitudes évocatives : en les utilisant de manière plus vigoureuse et plus consciente, votre enfant devrait pouvoir vaincre les obstacles qu'il redoute le plus.

Ne cherchez surtout pas, dans un premier temps, à modifier ses habitudes évocatives : ce serait dangereux — il y perdrait le peu de sûreté qu'il possède — et surtout bien inutile. Plus tard peut-être, il découvrira de lui-même l'intérêt d'élargir sa « palette ». Pour l'instant il s'agit de lui montrer

— comment il peut, au mieux, utiliser pleinement ses capacités à se donner des images mentales,

---

* On en trouvera une analyse plus détaillée dans Aidez votre enfant à réussir, ainsi que les conseils pratiques correspondants. Les autres titres de la Collection La Garanderie abordent les difficultés spécifiques à chaque discipline, et les solutions qui permettent d'y remédier.

— en quoi le bon usage des évocations va l'aider, concrètement, à résoudre les difficultés qu'il rencontre.

S'il est « visuel », il sait qu'il peut se donner des images dans sa tête. Mais il n'est pas sûr que ces images soient parfaitement fixées et utilisables : peut-être sont-elles éphémères, incomplètes, ou, au contraire, envahissantes. Vous pouvez l'aider à s'entraîner pour développer la qualité de ses évocations visuelles, et lui montrer comment les utiliser lorsqu'il souhaite être attentif, pour comprendre, pour appliquer, pour retenir.

Pour qu'une évocation visuelle soit efficace et complète, il faut s'y prendre de la manière suivante (à partir d'une perception visuelle) :

— regarder avec le projet de photographier dans sa tête,
— fermer les yeux et, dans sa tête, se redonner l'image de manière à la fois complète et détaillée (par exemple, s'il s'agit d'un mot, revoir le mot entier et toutes ses lettres une à une),
— regarder à nouveau pour vérifier si la représentation mentale était juste, sinon recommencer autant de fois que nécessaire pour obtenir une image stable, précise et exacte.

Si l'on part d'une perception non visuelle (auditive, ou autre : pourquoi par gustative, ou olfactive), l'évocation devra se fonder sur une transposition. Il faudra s'y prendre de la manière suivante :

FICHE-DIAGNOSTIC 1

DIFFICULTÉS LIÉES À DES HABITUDES ÉVOCATIVES VISUELLES

A du mal à se mettre des mots dans la tête, et surtout leur enchaînement.	Difficulté à apprendre par cœur, à retenir des exemples, des citations, des faits s'ils ne sont pas liés à un support visuel.
A tendance à évoquer des images liées au sens de ce qu'il lit ou écoute.	La présence forte de l'image mentale visuelle trouble son attention et ralentit sa compréhension.
Ne vit pas avec des mots dans la tête. Se représente l'espace mieux que le temps.	Difficulté à exprimer ses idées, à développer. Meilleur en géographie qu'en histoire, par exemple.
S'appuie sur l'exemple pour retenir la règle ; a du mal à « expliquer » ce qu'il sait appliquer.	Difficultés dans certains types d'exercices (interrogations écrites, dissertation...)

FICHE DIAGNOSTIC 2

DIFFICULTÉS LIÉES À DES HABITUDES ÉVOCATIVES AUDITIVES

A du mal à se mettre des images dans la tête. Doit se les raconter pour les comprendre et les retenir.	Difficulté dès qu'il s'agit d'un apprentissage ou d'une observation liée à un support visuel (maths, sciences expérimentales) : perd du temps à se traduire ce que le maître inscrit au tableau.
Vit avec des mots dans la tête.	Difficulté à sortir du « par cœur » ; et à ordonner son commentaire : les mots arrivent en foule et en vrac.
Se représente le temps mieux que l'espace.	Manque de rigueur dans l'observation et la construction. Met en avant les détails au détriment de la hiérarchie des idées.
S'appuie sur l'évocation verbale de la règle ; a du mal à « appliquer » ce qu'il sait « expliquer ».	Difficultés dans certains types d'exercices (exercices d'application, dictées...)

— écouter avec le projet de voir dans sa tête des images illustrant le sens du discours, et des images des mots importants eux-mêmes,
— se redonner ces images dans l'ordre en les associant à l'image des mots. S'assurer que le « film » est complet, continu, que les images en sont stables et précises.

Ce principe d'évocation doit être appliqué dans tous les cas. Votre enfant doit évidemment s'y entraîner pour pouvoir l'utiliser aisément et gagner en rapidité. Il peut l'employer pour apprendre, même des textes : il « photographiera » ainsi les images évoquées par le texte et les mots importants, et pourra dès lors les associer pour réciter ou raconter. Il peut l'utiliser pour comprendre : s'il s'agit de s'assurer du sens d'une citation, il le fera en évoquant des images à partir des mots, puis en les mettant en relation dans sa tête entre elles, et avec celles qui représentent ses connaissances antérieures. Il peut l'utiliser pour appliquer : s'il possède une évocation mentale nette d'un exemple de règle de trois, il n'aura aucun mal à en transposer le principe pour résoudre le problème qui lui est proposé.

Si votre enfant est « auditif », il sait qu'il peut se donner des mots dans sa tête. Mais il est possible que ces mots soient désordonnés, mélangés, ou « en vrac ». Vous pouvez également l'aider à s'entraîner pour développer la qualité de ses évocations auditives et leur bonne utilisation.

Pour qu'une évocation auditive soit efficace, il

faut s'y prendre de la manière suivante (à partir d'une perception auditive, ou de la lecture) :

— écouter — ou lire — avec le projet d'enregistrer dans sa tête,
— se redire la phrase en insistant sur chacun des mots, et en s'assurant qu'on se la redonne dans le bon ordre,
— s'il s'agissait d'une phrase lue, regarder à nouveau pour s'assurer que la représentation mentale était juste, sinon recommencer autant de fois que nécessaire pour pouvoir se redire la phrase de manière complète et précise.

Si l'on part d'une perception visuelle sans le support des mots, l'évocation devra se fonder sur une transposition :

— regarder avec le projet de se décrire puis de se commenter dans sa tête,
— se redonner sa description en s'assurant qu'elle a été conduite selon un ordre rigoureux (de gauche à droite et de bas en haut, ou en suivant un ordre chronologique ou logique) puis se redonner son commentaire (sans mélanger les deux).

Comme l'enfant visuel, l'enfant auditif devra appliquer ce principe d'évocation dans tous les cas : pour apprendre, pour comprendre, pour réfléchir.

Reprenez avec lui, méthodiquement, la description des gestes mentaux présentés p. 48 et suivantes, et entraînez-vous ensemble à les pratiquer — en utilisant évidemment l'évocation par images mentales visuelles ou auditives dont nous venons de donner le mode d'emploi. Vous constaterez qu'un peu d'entraînement permet d'aller plus vite, et surtout d'être plus sûr de soi.

Il est temps maintenant d'appliquer cette méthode au traitement du *point faible* que vous avez ensemble repéré.

Imaginons, par exemple, que la dissertation soit la *bête noire* de votre enfant : c'est là qu'il obtient les plus mauvais résultats, et il ne voit même pas comment il pourrait progresser. Vous avez analysé avec lui ce qui pêche essentiellement dans ses copies, en croisant les remarques faites par le professeur et les commentaires de votre enfant sur ce qu'il ne parvient pas à faire, ou à comprendre. Les difficultés peuvent en fait être de plusieurs ordres :

— Il ne parvient pas à tirer du sujet : il a généralement du mal à le comprendre ; ou bien il part sur les quelques mots qui l'« inspirent », et sa copie est le plus souvent hors sujet ; il a toujours l'impression d'être « sec », et met un temps fou à trouver quelques idées.

— Il a trois idées mais celles-ci pourraient être présentées, au mieux, en une page. Il a une opinion personnelle sur le sujet, mais ne voit pas l'intérêt de gloser autour, encore moins de présenter les thèses contraires. Bref, il a beaucoup de mal à construire un développement.

— Ses idées sont intéressantes, mais si mal présentées et rédigées que la lecture en est décourageante. Les mots sont approximatifs, les phrases cahotiques ;

mieux vaut ne pas parler de l'orthographe... Son français est des plus maussades, et on lui reproche surtout un défaut de rédaction.

Peut-être ces trois types de difficultés se conjuguent-ils au point de paraître presque indissociables. Pourtant, mieux vaut commencer par un seul aspect, dont l'amélioration servira ensuite de point d'appui.

Les fiches des pages suivantes montrent comment se servir des évocations et des gestes mentaux pour progresser dans chacun des savoir-faire nécessaires à la réussite d'une dissertation : traiter le sujet, construire un développement, rédiger correctement. L'entraînement proposé doit être appliqué de manière systématique : bien sûr il demande un effort soutenu. Mais cet effort est d'autant plus utile et gratifiant qu'il aura des répercussions positives dans d'autres disciplines et sur d'autres types d'exercices.

Si l'on apprend comment aborder les difficultés de manière méthodique dans le domaine où l'on est le moins bon, a fortiori on saura transposer cette démarche aux domaines dans lesquels on est plus à l'aise

APPRENDRE À TRAITER UN SUJET

Ce qu'il ne faut pas faire :

— Lire et relire le sujet sans l'évoquer : en effet cette lecture passive n'inspirera aucune idée. On perd inutilement son temps.

— Faute de mieux, repérer les quelques mots du sujet qui « évoquent » spontanément quelque chose, et partir d'eux pour lancer sa réflexion : on risque une fois sur deux le hors-sujet.

— Attendre que l'inspiration vienne : on peut attendre longtemps ; finalement, on rédigera son devoir *en catastrophe*.

Ce qu'il faut faire :

1. A partir de la lecture du sujet, se le donner en évocation, dans sa tête, sous forme d'images mentales (visuelles ou auditives).

S'assurer que l'évocation est complète et exacte.

2. Raisonner à partir de ces images mentales, en cherchant à les relier à son stock de connaissances et d'expériences. Les mots vont en appeler d'autres par synonymie, par ressemblance, par antonymie. Les images vont en faire surgir d'autres, par association ou par contraste.

3. Les noter en les accompagnant des exemples, des références, des citations que le recours à la mémoire — ou à la documentation — permettra de trouver.

FICHE MÉTHODE 6

APPRENDRE À DÉVELOPPER UN SUJET

Ce qu'il ne faut pas faire :

— Se forger rapidement une opinion personnelle, et s'en tenir là : une opinion — du type oui/non — n'est pas une idée ; on « bloque » ainsi toute possibilité d'enrichir sa réflexion par le recours aux connaissances.

— Enoncer une idée sans se croire obligé de la prouver, parce qu'elle paraît évidente. Toute assertion doit être étayée par des preuves : références, exemples, illustrations. En les recherchant, on s'apercevra d'ailleurs que le sujet est plus complexe qu'on ne l'aurait cru, et on se hâtera moins de conclure.

Ce qu'il faut faire :

1. Ne pas chercher d'abord les idées, mais les faits. Les idées découlent des faits, et non l'inverse. A partir de l'évocation du sujet, faire circuler dans sa conscience le maximum d'images et de mots capables de l'illustrer ou de s'y relier.

2. Noter tous ces faits, et en rechercher encore d'autres, par évocations successives, même si leur cohérence et leur organisation ne sont pas évidentes. Ne pas se hâter de faire un plan.

3. Lorsque le matériau est suffisamment riche, se préoccuper de l'organisation et d'en tirer des idées.

FICHE MÉTHODE 6

APPRENDRE À RÉDIGER

Ce qu'il ne faut pas faire :

— S'habituer à écrire n'importe comment : on ne saura bientôt plus écrire autrement.

— Se précipiter sur sa feuille et vouloir la noircir, avant de savoir ce que l'on veut dire. La rédaction constitue la dernière étape : tout doit être en place (les idées, les exemples, leur construction) avant de l'aborder.

— Se relire en imaginant qu'on corrigera ce qui ne va pas : en réalité on ne voit pas ce qui est écrit, mais ce que l'on croit avoir écrit. Il ne faut pas corriger mais *écrire bien tout de suite*.

Ce qu'il faut faire :

1. Enrichir son vocabulaire : dès que l'on rencontre un mot nouveau, l'évoquer (en le revoyant ou en se le redisant) et le mettre en rapport avec :

— des mots de la même famille,

— des synonymes et des antonymes.

Se construire ainsi dans sa tête des réseaux de mots (au lieu de connaître des mots isolément).

2. Soigner les phrases importantes : celles de l'introduction, de la conclusion, la première phrase de chaque paragraphe. Les évoquer dans sa tête avant de les écrire : vérifier ainsi qu'elles comportent un verbe, qu'elles sont courtes, ponctuées, et éliminer le superflu.

3. Améliorer l'orthographe :

— Orthographe d'usage : faire systématiquement des évocations correctes et complètes des mots difficiles.

— Orthographe d'accord : se donner l'évocation, selon les cas, de la règle ou d'un exemple ; puis de la consigne d'application (*si* je rencontre telle difficulté, *alors* je me donne tel exemple ou tel règle).

2. Construire un « point fort ».

Le travail que vous avez réalisé ensemble pour traiter la difficulté majeure rencontrée par votre enfant devrait, paradoxalement, l'aider à affirmer par ailleurs quelques bons résultats.

Ses habitudes évocatives propres lui donnent en effet certaines facilités dans telle discipline , ou tel type d'exercices. L'enfant auditif, qui « vit avec des mots plein la tête », est assez à l'aise pour réciter, pour raconter, pour apprendre des mots, des textes, des leçons, pour retenir de quoi nourrir des développements littéraires ou historiques. S'il est assez bon en français ou en langues étrangères, par exemple, sans pour autant décrocher vraiment des résultats décisifs, c'est parce qu'il utilise ses capacités évocatives à moitié : leur entraînement systématique devrait permettre de *transformer l'essai.*

De même pour l'enfant visuel, qui peut revoir sans grande difficulté les schémas, les croquis, les opérations, les figures géométriques, les observations ou les expériences qu'il a pratiquées. Si ses résultats en sciences, ou en géographie, par exemple, restent de peu supérieurs à la moyenne, il pourrait faire beaucoup mieux en utilisant pleinement, c'est-à-dire consciemment et systématiquement le potentiel de ses capacités d'évocation visuelle.

La pratique des gestes mentaux d'attention, de réflexion et de mémorisation représente, pour un élève « moyen », la clef des véritables succès. Leur connaissance lui permet en effet d'organiser et de canaliser des évocations qu'il pratiquait déjà, mais de manière spontanée et éparse.

Un « auditif » retient assez spontanément des éléments de ce qui a été dit pendant le cours : mais, s'il sait comment diriger son attention et comment retenir ce qu'il a retiré d'essentiel, il tirera parti de manière beaucoup plus efficace de l'enseignement du professeur. Un « visuel » n'a guère de difficultés à photographier et à revoir les équations inscrites au tableau : mais il en comprendra d'autant mieux le mécanisme qu'il saura comment utiliser les allers-retours perception-évocation qui assurent la réalité de la compréhension.

Revoyez ensemble la suite de ces gestes mentaux, afin de bien les assimiler : sans doute n'avait-il jamais pensé que l'on puisse ainsi décrire avec précision ce qui lui semblait flou et abstrait. Le « déclic » apporté par cette nouvelle connaissance devrait permettre de trouver le petit *plus* qui manque pour affirmer un point fort.

Si votre enfant obtient des résultats honorables en anglais, par exemple, cette discipline peut devenir un point fort : peut-être faut-il, tout simplement, un peu plus de vocabulaire, ou un meilleur accent. L'acquisition de l'un comme de l'autre relève du geste de mémorisation : chacun, dès qu'il le connaît, peut le pratiquer avec succès. Plutôt que de lire et de relire des listes de mots, on sait qu'il faut évoquer chaque mot, mettre en rapport cette évocation avec des mots de la même famille, de sens analogue ou contraire, puis projeter cette évocation dans une situation ou un contexte d'utilisation.

Pour améliorer son accent, il faut mettre dans sa tête l'évocation auditive d'une phrase dite par le professeur, ou par un *native* ; il faut s'assurer que c'est bien leur voix que l'on réentend, leur manière de placer l'accent tonique ou de prononcer tel mot ; comparer son évocation à l'original, si l'on a pu l'enregistrer ; s'assurer que le détail est exact ; se redire enfin la phrase, en se guidant sur son évocation.

Si les résultats en sciences sont prometteurs, pourquoi ne deviendrait-il pas un bon élève dans cette matière ? Peut-être faut-il seulement qu'il acquière plus de précision dans les commentaires qu'il fait de ses observations, ou dans les conclusions qu'il tire des expériences réalisées en classe. Il suffit pour cela qu'il pratique mieux qu'il ne le fait le geste d'attention, et qu'il s'en serve sans vouloir brûler les étapes : s'il prend l'habitude de se donner d'abord dans sa tête une image visuelle de ce qu'il observe, les mots pour l'expliquer viendront tout naturellement dans le prolongement de cette évocation. Le commentaire pourra être plus exact et plus riche. Les devoirs, qui lui valaient déjà des notes honorables, essentiellement grâce aux croquis et aux figures, deviendront vraiment bons.

Est-il utile d'insister sur l'importance des premiers bons résultats chez un élève réputé « moyen » ? Ce n'est pas seulement un encouragement ; c'est aussi l'occasion de *trouver sa voie* et d'affirmer sa personnalité et ses projets. Avoir le sentiment de vivre dans une sorte de *marais*, même confortable, n'a rien de stimulant pour un adolescent.

3. Aider l'enfant à choisir sa voie.

La difficulté essentielle pour l'élève « moyen » — et pour ses parents — consiste à faire les choix judicieux qui permettront de réussir son entrée dans la vie adulte.

Cela commence au lycée, en fin de seconde, quand il s'agit de choisir la section dans laquelle on préparera le baccalauréat. Faut-il jouer la section S (scientifique) en tentant d'accrocher la prestigieuse terminale C, fût-ce au prix d'un redoublement ? Ou encore en envisageant une terminale D, pour se réserver la possibilité de faire par la suite des études scientifiques ? Faut-il s'intéresser à une section B, pour pouvoir prétendre à des études d'économie ou de gestion, à une école de commerce ? Que penser des sections A ? et des sections techniques E, F, G, H ? En vérité, votre enfant lui-même ne peut pas vous aider : il vous répète ce que l'on dit au lycée ; mais il n'a guère d'idée précise sur la manière dont il envisage son avenir. C'est encore un gamin ; et le caractère moyen et un peu incolore de ses résultats concourt largement à cette impression d'indétermination.

Voyons plus loin. Qui n'a pas encore « passé le

baccalauréat » en même temps que ses enfants ne connaît pas l'état de perplexité, la recherche d'informations tous azimuts et la bousculade qui marquent cette année-là. Bien avant le mois de juin, il faut s'inscrire, si l'on souhaite poursuivre des études supérieures : mais où, et pour faire quoi ? On ne connaît pas encore le résultat de l'examen, qui sera pourtant déterminant pour certaines inscriptions ; on ne sait même pas encore « s'il l'aura ». Pourtant, on doit préparer, dans le plus grand aveuglement, des décisions très déterminantes pour l'avenir.

Pour les bons élèves, les choses sont malgré tout plus simples. D'une part, leurs résultats leur permettent d'envisager une classe de préparation à tel ou tel concours, ce qui constitue encore une sorte de voie royale. Surtout, un bon élève possède de vrais « points forts » qui sont source de projets personnels et qui l'aident à trouver sa voie, et à se construire un itinéraire — fût-ce en contradiction avec ses études antérieures, ou par opposition à sa famille !

Vous savez déjà que son dossier scolaire est trop moyen pour que votre enfant soit accepté en « prépa ». Vous savez que la pente la plus facile le conduira vers des études universitaires qui semblent prendre la suite de sa section de lycée : s'il est en A, il échouera en faculté de lettres, généralement en LEA (langues étrangères appliquées — ce dernier mot fonctionne comme un aimant) ; s'il est en D, il se dirigera vers un DEUG de « sciences de la nature et de la vie », dit DEUG B ; s'il est en B, il tentera « sciences éco ».*

Vous n'êtes qu'à moitié convaincu, et vous n'avez pas tort. Dans ces départements universitaires qui accueillent des cargaisons de bacheliers déboussolés, les taux d'échec et d'abandon en fin de première année sont phénoménaux : ils sont faits, paradoxalement, pour les très bons élèves. Seuls ceux qui sont dotés de méthodes de travail performantes sauront tirer leur épingle du jeu ; les autres seront très vite laissés pour compte, parce qu'ils ne savent pas travailler seuls, et parce qu'ils mettront des mois à comprendre ce qu'ils doivent faire. L'enseignement universitaire n'a de sens que s'il est accompagné d'un travail personnel soutenu qui est d'autant plus difficile à entreprendre, et même à comprendre, pour un adolescent qui n'a pas acquis au lycée les structures et le niveau de connaissances indispensables.

Les mêmes remarques valent pour les études de droit, vers lesquelles s'engouffrent nombre de bacheliers indécis, mais désireux de faire plaisir à la famille : « faire son droit » a toujours eu bonne presse ; ce sera l'occasion pour le moins d'engager des études universitaires sans perdre son temps. Hélas ! Il n'est pas

* Pour les parents perplexes et perdus, une bible à lire et à relire pendant l'année de terminale : l'Etudiant. Revue et guides pratiques donnent des informations très à jour et très utiles sur les mille et une possibilités d'études supérieures. Des numéros spéciaux sur les premiers cycles, sur les filières courtes, longues, spécialisées, prestigieuses, publiques, privées... de l'enseignement supérieur paraissent régulièrement.

d'études plus rebutantes pour un jeune homme peu motivé, qui n'en comprendra ni l'esprit ni l'intérêt ni les critères de réussite : le droit est une discipline qui exige une maturité intellectuelle, une capacité de travail, un sens du raisonnement que la majorité des jeunes bacheliers sont très loin de posséder.

Tout ceci ne signifie pas qu'il existe de mauvaises filières universitaires qu'il convient de fuir comme la peste : elles sont parfaitement valables pour un étudiant motivé, doté de bases et de capacités suffisantes pour y réussir. D'où l'importance, lorsque son enfant est un « élève moyen », de l'aider à dégager un « point fort » à partir des disciplines où ses résultats sont les plus convenables.

La connaissance de sa *gestion mentale* peut constituer également un élément important de réflexion, et concourir à la préparation d'un choix intelligent.

Les habitudes évocatives de votre enfant, et leur évolution au cours de ces dernières années, dessinent en effet des chemins de plus grande facilité et d'autres de plus grande difficulté. On pressent que celui-ci, qui apprend facilement par cœur, se trouvera assez à l'aise dans des études d'histoire par exemple — si du moins il n'a pas de grosse difficulté à construire un devoir. Si celui-là est totalement dépourvu de mémoire visuelle, il aura à n'en pas douter du mal à réussir aisément dans certains types d'études, qui exigent de retenir des quantités considérables de formules ou de figures. Attention seulement à ne pas tirer de conclusions trop rapides : seul un *profil péda-*

gogique établi par un spécialiste peut véritablement déboucher sur des projections intéressantes.

Encore faut-il rester nuancé dans les conclusions qu'il convient d'en tirer. Il n'est pas dit que le meilleur choix soit toujours celui de la plus grande facilité. Certains jeunes gens ont besoin de défis : c'est en entreprenant des études qui les « obligent » à se surpasser, parce qu'elles leur imposent de faire évoluer leurs habitudes mentales pour réussir, qu'ils trouveront vraiment leur voie. J'en ai personnellement connu plusieurs qui se félicitent aujourd'hui d'avoir choisi — ou qu'on les ait aidé à choisir — le chemin le plus ardu.

Pour d'autres au contraire, s'orienter vers des études où ils se sentent naturellement à l'aise constitue un soulagement, et leur apporte une sécurité psychologique qui leur permet de s'épanouir.

Tout est à prendre en considération : le caractère du jeune homme ou de la jeune fille, sa manière d'envisager son avenir, l'environnement familial et amical, le soutien que les parents peuvent réellement apporter. Le conseil d'un spécialiste extérieur peut aider à faire le point, et à éclairer de manière plus consciente, plus objective et plus réaliste les différents paramètres de choix. Reste que la décision appartient à votre enfant et à vous-même ; que vous n'en apprécierez les effets que plus tard ; et que la solidarité intelligente que vous saurez cultiver sera en réalité déterminante.

Une certitude doit vous animer : ce n'est pas

parce que votre enfant est un « élève moyen » qu'il ne peut prétendre à une vraie réussite. Sans doute est-il moyen parce qu'il n'a pas trouvé dans le système d'enseignement secondaire actuel de quoi alimenter un intérêt véritable : il s'est contenté de surnager.

S'il comprend mieux son mode de fonctionnement mental, s'il s'y intéresse, s'il saisit qu'il peut être vitalisé et perfectionné ; si par ailleurs il progresse dans certaines matières, les trouvant du même coup beaucoup plus passionnantes, il est prêt à se révéler un excellent étudiant. Vous pouvez l'aider beaucoup, en l'ouvrant à la connaissance de ses propres capacités, en l'incitant à se fixer des objectifs positifs et en lui montrant comment il peut les atteindre, en dialoguant avec lui au moment des choix.

Le métier de parent relève ici du management : il consiste à ne jamais baisser les bras, mais à utiliser toutes les ressources de son entendement, de son expérience et de son imagination pour aider un jeune homme à dessiner son projet d'avenir et à s'y propulser.

IV) LA PRÉPARATION À LA COMPÉTITION

Votre enfant est un bon élève. Cette situation vous fait plaisir et vous rassure. Elle suscite l'envie chez certains de vos amis, qui estiment que vous avez « de la chance ». Peut-être avez-vous d'autres enfants qui connaissent quelques difficultés dans leur cursus scolaire : vous êtes donc enclin à centrer sur eux vos préoccupations, et vous avez d'ailleurs raison.

Si votre enfant réussit bien à l'école, c'est probablement parce qu'il sait travailler tout seul. Il possède sans doute des habitudes évocatives précises et bien fixées, dont il sait tirer parti pour s'adapter aux différentes situations qui lui sont proposées.

Cette année, il va devoir donner un *coup de collier*.

Il présente un concours, et chacun sait qu'il s'agit là d'une véritable épreuve, même pour les meilleurs. Il entre en « prépa », et le travail qu'il va devoir fournir va être multiplié par trois par rapport à ce qui était demandé au lycée.

Il aborde tout simplement une classe d'examen : il sait qu'il doit prendre quelques mesures pour le réussir dans de bonnes conditions. C'est un élève moyen, et qui ne souhaite pas le rester : cette année, il veut décrocher de bons résultats, qui lui permettront par la suite de choisir la voie qui l'intéresse.

Dans tous les cas, il entre dans le domaine de la compétition : un peu avec les autres, mais surtout et avant tout avec lui-même.

Il faut qu'il sorte de son esprit des capacités et des ressources supérieures à celles qu'il a jusque-là expérimentées. Il faut qu'il augmente de manière importante sa puissance de travail. Il faut qu'il décroche des résultats, et qu'il ne se laisse pas altérer par les revers.

Cette compétition-là est un marathon : elle va

lui paraître terriblement longue et parfois décourageante. Une année, cela n'est rien pour un adulte ; cela paraît interminable quand on est jeune, d'autant plus si on la vit du dedans en travaillant comme un bœuf.

Vous pouvez beaucoup l'aider à l'affronter intelligemment.

Tout d'abord vous pouvez l'aider par votre expérience, votre bon sens — qualité que l'on tend à perdre lorsqu'on prépare un concours — ; et en ayant à l'égard de cette compétition un recul qu'il n'a quant à lui plus du tout.

Surtout, votre connaissance des mécanismes mentaux de l'apprentissage va se révéler ici extrêmement précieuse ; dans cette situation particulière où l'effort doit être orienté vers son plein rendement, la question essentielle est bien : *comment travailler de la manière la plus efficiente ?*

Les travaux d'Antoine de la Garanderie permettent d'y apporter des réponses précises et adaptées.

Pour livrer bataille, il faut une stratégie. Il en est de même pour réussir un concours. Votre enfant est bien trop « pris » par son propre effort pour y voir clair, et votre aide doit pouvoir lui éviter des luttes inutiles. Faites avec lui un tour un peu objectif de la situation, en partant de trois principes-clefs :

— ne pas se faire éliminer avant le combat
— ne pas se battre contre des moulins à vent
— entraîner ses troupes et affûter ses armes.

Quittons ces métaphores guerrières pour voir

ensemble, concrètement, le détail des priorités simples qu'il doit se donner.

1. Ne pas être mis « hors compétition ».

Dans une classe préparatoire, une bonne moitié des élèves se trouve, dès le mois de février, « hors d'état de concourir ».

Maladies diverses, dépressions ou absentéisme révèlent tout à coup que ces jeunes gens sont en fait épuisés : ils ne tiendront pas la distance. Ils ont travaillé au-delà de leurs possibilités physiques, sans pour autant que les résultats s'améliorent de manière décisive. Pas assez de sommeil ; aucun exercice physique ; un mauvais équilibre alimentaire : c'est sur ce type d'écueils que viennent s'échouer bien des ambitions.

Un examen ou un concours doivent *d'abord* s'envisager comme une compétition sportive. La priorité absolue est d'être en forme : la forme intellectuelle est liée de près à la forme physique.

Or il s'agit d'être en forme au mois de mai, sachant que l'on n'aura pas le temps de se reposer un mois avant le concours, et que d'ailleurs on sera trop préoccupé pour pouvoir le faire. Il faut donc *rester en forme* toute l'année, d'octobre à avril, sans trop de baisses de régimes.

Seuls un très bon équilibre de vie, une discipline personnelle intelligente et une conception très affûtée du travail à réaliser peuvent concourir à cette préparation mentale et physique.

De nos jours, tous ceux qui doivent affronter une compétition, qu'ils soient sportifs, bien sûr, mais aussi artistes, hommes politiques ou entrepreneurs, s'entraînent comme des athlètes : parce qu'ils ont compris qu'au travail de leur spécialité proprement dite, il faut joindre des qualités de souffle, d'endurance, de présence.

Pour l'instant, vous êtes loin de ces sommets de maîtrise professionnelle. Vous vous désolez de voir votre enfant de plus en plus hâve et défait, au fil des mois. Il a l'impression qu'il faut qu'il travaille toujours davantage, et l'« action psychologique » menée hardiment par ses professeurs l'y incite. Bien des fois, en fait, il s'endort sur ses notes, rêve les yeux ouverts sur ses polycopiés ; le nombre de réveils nécessaires pour qu'il se lève le matin ne cesse de croître. A vos yeux, la cote d'alerte est atteinte.

Il ne sait d'ailleurs pas se reposer. Lorsqu'il veut se détendre ou plutôt se « défouler », il sort plusieurs soirs de suite, se fatigue un peu plus, et se remet au travail en « râlant » : quand donc cessera-t-il de perdre sa belle jeunesse à travailler comme un abruti ?

Le convaincre de travailler moins semble aberrant . de toutes manières il vous signifierait très vite que vous « n'y connaissez rien », et que travailler moins est rigoureusement impossible. Reste à le convaincre que la préparation *sportive* de son concours impose de savoir ménager ses forces, et qu'il n'existe à cet effet qu'une solution : travailler mieux.

Probablement votre enfant restera interloqué

lorsque vous lui exposerez pour la première fois cette théorie : il a l'impression de travailler « le mieux possible », et il ne voit pas du tout comment il pourrait faire en 2 heures ce qu'il fait actuellement en 3.

A vous de lui montrer qu'il peut gagner du temps et de l'efficacité — ne serait-ce qu'un peu — de deux manières :

— en éliminant les efforts inutiles

— en améliorant petit à petit le rendement de son travail.

En réalité, ce gain peut être considérable si l'on apprend à utiliser *à plein régime* ses ressources mentales. Mais l'essentiel pour l'instant est que votre enfant commence à y croire, en tout cas suffisamment pour essayer : mettez donc de côté les promesses extraordinaires et les exemples illustres, qui seraient de nature à lui faire peur. Il sait bien que, dans le cadre de la préparation d'un concours, chaque petit gain d'efficacité compte en réalité beaucoup.

2. Economiser les efforts.

Il existe deux types d'efforts inutiles :

— ceux dont l'objet ne sera pas payant : on passe beaucoup de temps sur l'acquisition de connaissances marginales, ou d'un savoir-faire qui ne correspond pas à ce qui sera demandé à l'examen ou au concours ;

— ceux qui ne peuvent pas être efficaces : au bout d'un certain nombre d'heures de travail, tout effort supplémentaire apportera un surcroît de fatigue pour un petit résultat.

Beaucoup de candidats à des concours ou à des examens gaspillent leur temps et leur énergie en visant de mauvaises cibles, ou plutôt sans savoir qu'ils doivent se donner des cibles prioritaires. Ils travaillent sans réfléchir suffisamment à leurs objectifs de travail, et se laissent entraîner à une boulimie dangereuse : l'excitation ambiante, les multiples racontars qui se propagent sur les précédentes sessions, l'effervescence de leurs camarades les incitent à une sorte de « fuite en avant » que les professeurs, bien souvent, font mine d'encourager. On en vient à croire qu'il ne peut être question de se présenter à telle épreuve sans connaissances encyclopédiques.

Mon expérience personnelle m'a montré, à plusieurs reprises, qu'il vaut mieux s'en tenir à un niveau de connaissances moyen, mais où l'ensemble des faits est maîtrisé avec précision et sûreté : vouloir « tout » savoir sur un sujet est un rêve sans fin, et finit par recouvrir l'essentiel. Si l'on passe l'agrégation de lettres, il faut d'abord connaître parfaitement les textes du programme : on gagnera beaucoup de temps en s'abstenant d'aller fouiller les bibliothèques à la recherche de tous les ouvrages critiques possibles et imaginables. Pour bien préparer les épreuves de nombreux concours — même de haut niveau — un bon Que sais-je ? est largement suffisant. L'esprit d'un examen ou d'un concours n'a rien à voir avec celui d'un doctorat, ou d'une recherche scientifique :

le but n'est pas d'épuiser le sujet, ni même de chercher à le mieux connaître. Il s'agit de montrer que l'on a acquis des connaissances précises, et que l'on sait les utiliser pour construire une réflexion ou une démonstration.

Le plus important consiste en fait à acquérir les savoir-faire permettant de traiter les types de sujets proposés à l'examen ou au concours : pas de réussite en vue aux concours d'école de commerce si l'on ne sait pas faire un résumé, ou construire un plan ; aucune mention possible au baccalauréat si l'on ne sait pas introduire ou conclure sa copie ; peu d'espoirs en fin de 1re année de médecine ou de pharmacie si l'on s'affole devant un QCM*, et si l'on n'a pas su tirer parti des annales pour orienter sa préparation.

Lorsqu'on s'engage dans une compétition, même intellectuelle, l'effort doit être intense, mais intelligemment dosé. Il vaut mieux, lorsqu'on a travaillé à *plein régime* pendant 3 h d'affilée, savoir s'arrêter, et se donner un temps de repos avant de reprendre. L'impression de repos peut d'ailleurs naître d'un simple changement de sujet : on se reposera des mathématiques en faisant de l'anglais, et inversement. D'où l'importance d'une planification astucieuse et réaliste de son travail : il vaut mieux éviter

---

* Questionnaire à Choix Multiples : il faut savoir repérer la bonne réponse parmi les items proposés.

de consacrer toute une soirée à la même matière, ou au même type d'exercices ; il faut alterner travail de mémorisation et travail de réflexion, exercice de traduction et exercice d'application. Savoir mettre un terme à son effort pour le reprendre le lendemain d'une manière plus vigoureuse est signe de sagesse et de maîtrise de soi : il faut mener son travail pour éviter que celui-ci ne vous engloutisse.

3. Améliorer son rendement intellectuel.

La notion de « rendement intellectuel » peut paraître choquante. On considère souvent que le travail intellectuel est d'une nature particulière, qui ne peut être soumise à des considérations de production ou d'efficacité, et c'est en partie vrai. Qu'il s'agisse d'un écrivain, d'un chercheur ou d'un philosophe, on s'intéressera à la qualité de ses travaux, et non au temps mis pour les réaliser ou au rendement des efforts qu'il y a consacrés.

Si l'on se place dans l'optique d'un examen ou d'un concours, la question du rendement de l'effort est au contraire très importante : le temps de travail n'est pas illimité ; un résultat doit être atteint ; la situation implique une concurrence, explicite ou implicite. Il est donc essentiel que le travail fourni soit le plus efficace possible.

Des considérations similaires président à bien des aspects de notre vie professionnelle : une activité donnée doit être menée à son terme à la fois dans de bonnes conditions de qualité et dans un temps raisonnable, faute de quoi elle empiétera sur notre capacité à en conduire d'autres. Ainsi, de nombreux ingénieurs ou chercheurs se plaignent de consacrer trop de temps à la rédaction des rapports ou des notes techniques qui viennent conclure leurs travaux, dépensant ainsi un surcroît d'efforts au détriment de leurs recherches. L'amélioration de notre rendement intellectuel doit permettre de mieux doser nos investissements de temps et d'énergie, et de mieux équilibrer les diverses facettes de notre métier.

Revenons à la préparation d'un concours, ou d'une épreuve d'examen. Deux domaines essentiels doivent bénéficier de cette recherche de rendement :

— l'assimilation des données qui seront nécessaires pour traiter les sujets proposés : tout au long de l'année, puis pendant la période de préparation intense qui précède les épreuves, il faut apprendre, comprendre et mémoriser une masse de faits, de mots, de formules, de définitions, de connaissances ;

— le traitement des épreuves qui constituent l'examen ou le concours : au moment où l'on découvre le sujet, il faut que les bons réflexes se mettent en place pour le lire, le comprendre, rechercher les données, les appliquer, et construire sa copie.

Dans les deux cas, il s'agit de gagner en rapidité et en qualité : aller plus vite permet d'ailleurs de sauvegarder du temps pour aller plus loin.

C'est vrai en ce qui concerne l'assimilation des connaissances : apprendre plus vite permet d'éviter les « impasses » et de connaître son sujet d'une manière à la fois plus approfondie et plus personnelle. Ce gain ne doit pas être envisagé d'une manière seulement quantitative : c'est aussi se donner le temps de rechercher des données moins connues, ou d'un ordre différent, qui permettront d'appréhender certains sujets d'une manière plus intéressante.

C'est tout aussi vrai en ce qui concerne le traitement de l'épreuve. Gagner du temps par une bonne méthode de travail permettra de bénéficier, en fin d'épreuve, d'une « marge » dont l'intérêt est considérable. D'une part, sa perspective libère en partie de l'anxiété qui anime tout candidat et lui fait perdre une partie de ses moyens. D'autre part, seule la disposition d'un « temps libre » en fin de parcours permet de rechercher et souvent de trouver le *plus de qualité* qui fera réellement la différence avec les autres candidats : un paragraphe important mieux rédigé, une perspective plus nette ou plus originale, un élément supplémentaire d'approfondissement ou de personnalisation.

Contrairement à ce que l'on pense trop souvent, l'objectif à atteindre dans un concours n'est pas la bonne note. C'est une *meilleure note*. Seul en effet un très bon résultat peut compenser d'autres résultats médiocres, qui sont à peu près inévitables dans l'éventail des épreuves. Le but est bel et bien de sortir du lot : on ne peut y prétendre que par l'affirmation d'une originalité positive, et pas seulement par la réalisation d'un travail honorable, répondant strictement aux normes que suivront tous les autres candidats.

De nombreux exemples viennent à l'esprit. Prenons celui de l'épreuve de « note de synthèse », qui règne dans la plupart des concours administratifs de bon niveau. Les candidats qui mettent beaucoup de temps à lire le document — généralement long — qui leur est proposé n'ont aucune chance de réussir l'épreuve : ils disposeront de trop peu de temps pour construire leur synthèse, et rédigeront dans la bousculade. Les candidats « moyens » sauront lire le document en temps limité, prendre des notes et aboutir à un résultat convenable dans le temps imparti. Mais seuls ceux qui organiseront leur travail pour se laisser une demi-heure en fin de parcours, et qui parviendront à le faire parce qu'ils se sont entraînés à une méthode d'approche très performante, pourront réorganiser leur synthèse de manière plus cohérente, plus pertinente et plus originale, et la rédiger avec soin. Ce sont évidemment ceux-là qui obtiendront de très bons résultats.

Dans ce cas précis, la bonne utilisation des gestes mentaux décrits par Antoine de la Garanderie est déterminante, à tous les stades de réalisation de l'épreuve :

— celui de la lecture du document : si l'on ne s'appuie que sur sa perception, on peut lire et relire dix fois sans jamais avoir assimilé le contenu du texte.

C'est ce que font la majorité des candidats qui soulignent, surlignent, notent et recopient sans jamais évoquer. Si l'on sait que l'on doit s'appuyer sur des évocations, et si l'on s'y est entraîné, on n'aura pratiquement besoin d'aucune note ; deux lectures suffiront pour avoir en tête une vue claire du contenu du document ;

— celui de la synthèse elle-même : si l'on doit reprendre ses notes et parcourir à nouveau l'ensemble du texte pour mettre bout à bout les éléments jugés essentiels, on passera beaucoup de temps pour un résultat médiocre ; ce sera en réalité un *aboutage* maladroit et peu cohérent. Si l'on peut réévoquer l'ensemble des données pour les reconstruire mentalement, l'organisation des idées se fait plus vite, et le résultat est meilleur. La vision synthétique et globale du sujet permettra une présentation cohérente et une rédaction « serrée ».

Reste à savoir comment on peut, concrètement, s'entraîner à améliorer son rendement intellectuel. Trois pistes de perfectionnement sont possibles, et peuvent d'ailleurs être essayées conjointement :

1. Tirer pleinement parti de ses habitudes évocatives

On a déjà pris conscience que l'on possède des habitudes évocatives visuelles ou auditives, parfois mixtes. On sait ce qu'est l'évocation, et l'on fait bien la différence entre *percevoir* et *évoquer*.

Il est toujours possible de pousser ses habitudes évocatives plus loin, soit en les rendant plus systématiques, soit en les appliquant à des domaines où l'on n'avait pas pensé à les utiliser, soit en développant davantage de virtuosité dans leur pratique.

Si l'on est très visuel, on peut non seulement photographier des mots ou des figures, mais aussi des paragraphes voire des pages entières : un individu très entraîné tourne les pages du livre dans sa tête en les revoyant au fur et à mesure. On peut non seulement évoquer des images ou des situations, mais voir dans sa tête la configuration générale et la structure de ce que l'on devra proposer ou rédiger.

Si l'on est très auditif, on peut se redire de plus en plus rapidement ce que l'on perçoit ou ce que l'on projette. On peut convertir aisément des données visuelles, et se donner une représentation mentale verbale de tous les croquis, figures ou graphiques. On gagnera un temps précieux en concevant dans sa tête, et en perfectionnant, le texte que l'on va rédiger.

L'essentiel est évidemment de s'y entraîner de manière graduelle et méthodique.

2. Acquérir de nouvelles habitudes évocatives

Il est tout à fait possible d'élargir sa palette, et de s ouvrir — à tout âge d'ailleurs — à des modes d'évocation que l'on n'avait jamais pratiqués.

Une seule recommandation doit absolument être

observée . *une habitude mentale s'acquiert à l'aide des habitudes déjà acquises, et dans leur prolongement.*

Il ne faut surtout pas chercher à faire table rase de ses modes d'évocation « naturels » : bien au contraire, il faut s'appuyer sur eux pour les ouvrir sur des évocations complémentaires. Ainsi, on s'habituera à se commenter les images que l'on se donne, si l'on est visuel ; ou à prolonger son discours intérieur en images visuelles, si l'on est auditif.

Cet élargissement du fonctionnement mental offre à l'évidence de nombreux avantages : il permet d'améliorer ses points faibles, de gagner en sûreté, et d'ouvrir à sa pensée un champ plus vaste. Reste que l'essentiel est dans la qualité des évocations : il ne s'agit pas de gérer quelques images visuelles et auditives éphémères et désordonnées, mais bien d'aller jusqu'au bout de ses capacités évocatives et de les articuler entre elles.

3. Travailler en situation de projet

On introduit beaucoup de dynamisme et d'énergie dans son travail si on le réalise en se projetant dans une situation d'avenir.

Nous l'avons vu déjà en présentant le *geste d'attention* et le *geste de mémorisation* : chacun de ces gestes mentaux est fondamentalement orienté par un projet, que ce soit celui d'évoquer ou celui de réutiliser plus tard. Il y a d'ailleurs, en réalité, double projet : celui, immédiat, d'effectuer le geste mental approprié pour se mettre au travail ; celui, plus prospectif, qui consiste à imaginer l'avenir dans lequel on aura à agir, en utilisant telle connaissance ou tel savoir-faire.

Sans imagination de l'avenir, il y a fort à parier que les données évoquées ne seront pas disponibles au moment de la réutilisation.

Lorsqu'on sait que l'on va affronter une épreuve, on n'a que trop tendance à travailler « le nez sur sa feuille », jour après jour, comme enfermé dans son propre effort. On travaille pour travailler. Or il s'agit de travailler pour réussir : c'est en se projetant dans l'avenir, en ayant présente à l'esprit la réalité de l'épreuve, et en « stockant » des données pour la traiter que l'on se prépare réellement.

Il faut se représenter la situation dans laquelle on se trouvera de la manière la plus concrète possible ; et s'imaginer soi-même en train de la vivre, et d'y réussir. On peut « se voir » répondre à des questions, ou faire une démonstration ; on peut « s'entendre » développer un sujet ou une idéee. Cette projection de soi-même est indispensable pour rendre son travail vivant et opérationnel.

Le bon usage de ses évocations constitue là encore le principe de base de l'entraînement, qui doit être progressif et continu. Bien entendu, la même méthode s'avérera très utile pour se préparer aux multiples « épreuves », grandes ou petites, de notre vie professionnelle.

FICHE MÉTHODE 8

SE PROJETER DANS L'AVENIR

C'est tout à fait indispensable pour créer les conditions de la réussite ; et, en particulier, pour assurer la disponibilité des données que l'on souhaite « stocker ».

Cette projection dans l'avenir, pour être réellement efficace, ne doit pas être floue ou abstraite, mais se faire au travers d'images mentales précises que l'on se donnera en fonction de ses habitudes évocatives, selon la procédure suivante :

1. Se donner une évocation visuelle et/ou verbale de la situation d'avenir dans laquelle on aura à agir et à utiliser ses connaissances : situer cette évocation dans l'espace (se représenter un cadre, des objets...) et dans le temps (se représenter la succession des événements) ; évoquer les personnes qui interviendront dans l'action.

2. Evoquer visuellement et/ou verbalement les questions posées, ou le sujet de l'épreuve, les réactions éventuelles, les objections...

3. Se représenter soi-même dans l'action (par évocation visuelle et/ou verbale), en train d'utiliser telle donnée, de faire l'exposé ou de traiter le sujet, de répondre aux questions.

Antoine de la Garanderie va plus loin. Lorsqu'il étudie la gestion mentale des champions — le sport a toujours été l'un des terrains d'élection de ses observations —, il parle de la *direction* que l'on doit donner à ses évocations pour être très performant : il existe des *choix évocatifs* plus efficaces que d'autres dans la perspective d'une compétition.

Ainsi vient-il à distinguer, parmi les sportifs qu'il a observés, les recordmen et les compétitifs*. Les premiers cherchent essentiellement à perfectionner leur jeu, ou leur course : leur but est de se surpasser. Les seconds ont en tête de faire mieux que leur adversaire, en ayant étudié ses points forts et ses points faibles afin de le battre. Leur gestion mentale est différente. Le recordman a pour direction évocative majeure l'expression de ses qualités : son projet mental consiste à se voir, par anticipation, vaincre une à une les difficultés de l'épreuve par la perfection des gestes et la bonne économie de l'effort. Le compétitif au contraire dirige essentiellement son travail mental sur la représentation de l'adversaire : ses évocations visuelles ou verbales vont dessiner des stratégies de lutte qui lui permettront de résister ou d'exploiter les faiblesses du concurrent.

---

* Je ne saurais trop inciter le lecteur à se reporter aux très belles pages qu'Antoine de la Garanderie consacre à ce sujet dans Comprendre et imaginer, pp. 110 et suivantes.

Chacun de nous possède, de la même manière, une pente naturelle qui tend à déterminer la nature de son projet : s'agit-il de développer ses qualités ou de corriger ses défauts ? Bien sûr, l'idéal est de faire les deux à la fois : mais les types de représentations mentales sont dans les deux cas différents, et nous sommes portés à privilégier telle perspective d'évocation plutôt que l'autre. Le fait d'en prendre conscience débouche sur une réflexion méthodologique : quels sont les choix évocatifs les plus pertinents dans une situation donnée ?

De telles questions sont essentielles lorsqu'on atteint les sommets de la compétition ; elles valent aussi d'être posées à un niveau plus modeste et plus général. Si nous comprenons l'importance des images mentales, et si nous apprenons à connaître les spécificités de notre propre mode de fonctionnement, nous avons en main les éléments de notre progrès. Nous avons surtout la liberté d'en fixer l'objet et d'en déterminer les moyens.

V) LE PROFIL PÉDAGOGIQUE : UNE TECHNIQUE DE POINTE

L'une des découvertes les plus originales d'Antoine de la Garanderie est celle de ce qu'il appelle le « profil pédagogique* »

Le profil pédagogique est une méthode d'analyse extrêmement fine des habitudes mentales d'un individu, qui débouche sur une meilleure connaissance de soi et sur une ouverture ou développement personnel.

C'est en interrogeant des centaines de sujets sur leurs stratégies mentales et les types d'images qu'ils ont pris l'habitude de gérer qu'Antoine de la Garanderie a mis au point les concepts qui fondent la notion de profil pédagogique, et les techniques d'investigation qui permettent de l'établir.

Une consultation de profil pédagogique dure environ 3 heures ; elle consiste à mener avec le sujet une investigation sur ses modes personnels de fonctionnement mental : habitudes évocatives, domaines où ces habitudes s'exercent, caractéristiques des différents niveaux de gestion mentale, stratégie de réussite et difficultés rencontrées.

* L'expression est héritée du «profil épistémologique» que Bachelard a imaginé pour étudier la compréhension des notions scientifiques : en prenant conscience des différents niveaux où l'on s'est situé pour apprendre, on peut élargir son propre champ de compréhension.

Le consultant conduit un dialogue qui permet à la personne de découvrir les images mentales dont elle se sert, la manière dont elle s'en sert, et comment elle pourrait s'en servir. Bien entendu, chaque profil pédagogique est unique : le croisement des types d'évocation utilisés, des niveaux et des modes d'utilisation correspond à une multiplicité de « cocktails » possibles. Il s'agit ainsi d'une méthode d'analyse et de développement fortement individualisée, très sophistiquée, et qui ne peut être conduite, actuellement, que par les quelques spécialistes formés par Antoine de la Garanderie, et dont la capacité à mener une telle consultation a été explicitement reconnue*.

L'esprit qui préside à l'établissement d'un profil pédagogique mérite d'être précisé, pour que l'on puisse en saisir toute l'originalité. Il ne s'agit ni de tester, ni de mesurer, ni de prédire, ni même seulement de constater : mais d'amener l'individu à s'intéresser à ses propres stratégies mentales, à les

---

* Le terme de « profil pédagogique » est parfois utilisé, à tort, pour désigner le dialogue pédagogique individualisé qu'un professeur peut avoir avec tel de ses élèves en difficulté. Cette pratique, qui est très utile pour comprendre la cause d'une difficulté spécifique, ou pour avoir une vue globale et rapide du mode de fonctionnement majeur de l'enfant, permet d'approprier les explications à donner et de fournir des conseils de méthode. Elle n'a pas l'ambition d'être à l'origine d'une démarche d'introspection débouchant sur une ouverture au développement personnel, comme c'est le cas du véritable profil pédagogique.

comprendre et en discerner les articulations, pour pouvoir les aménager, les faire progresser, les approprier à ses projets.

L'objectif visé n'est pas de conditionner le sujet, fût-ce pour la réussite, mais de mettre en lumière les conditions d'un comportement plus libre. Le profil pédagogique permet de mieux se connaître soi-même, sous un angle nouveau : celui de son comportement intellectuel au sens large — apprentissage, réflexion personnelle et création. Il autorise ainsi non pas un changement — ce qui serait vain et d'ailleurs presque impossible — mais une évolution auto-guidée par un sujet devenu plus conscient, et donc plus responsable.

Le principe du profil pédagogique est fondé sur trois concepts dont il est utile de bien comprendre le sens :

— celui de langue maternelle pédagogique dont nous avons déjà eu l'occasion de parler. Cette langue maternelle est définie par le type d'images — visuelles ou auditives — que l'individu mobilise le plus spontanément, en raison d'habitudes contrac tées depuis la petite enfance.

L'expression de « langues pédagogique » est tout à fait justifiée : il s'agit bien du moyen dont use l'individu pour comprendre son environnement et communiquer avec lui.

On peut également utiliser, ou apprendre à utiliser, une « seconde langue pédagogique » : la plupart des bons élèves l'ont acquise, au moins pour certains types d'opérations. Notre cerveau comporte les réseaux requis pour mobiliser tous les types d'images mentales possibles.

— Celui de gestion mentale, qui désigne la manière dont chacun de nous « gère » ses habitudes évocatives. Il y a bien « gestion », au sens économique du terme : l'analyse traite en effet des moyens que nous mettons en œuvre pour rentabiliser notre intelligence sous ses diverses formes. Il existe plusieurs manière de gérer sa langue maternelle pédagogique et éventuellement sa seconde langue ; et il n'est pas sûr que l'on se serve de toutes les possibilités offertes par chaque langue.

— Celui de paramètre, qui s'applique aux différentes « formes » d'habitudes évocatives, et dont le niveau de gestion est déterminant dans la manifestation de telle ou telle aptitude. Antoine de la Garanderie a mis en lumière quatre paramètres, qu'il définit de la manière suivante :

P1	Evocation des choses (des êtres, des actions, des scènes)	OPÉRATIONS MENTALES SIMPLES
P2	Evocation des mots (des chiffres, des signes)	
P3	Evocation des relations (de cause à effet, chronologiques ou logiques, d'application)	OPÉRATIONS MENTALES COMPLEXES
P4	Evocation d'élaboration (en prolongeant, en transformant, en innovant)	

Certains sujets peuvent ne gérer véritablement que le paramètre 1 : ils bornent leurs évocations — visuelles ou auditives — à la représentation de ce qu'ils ont perçu de la réalité concrète : objets, scènes de la vie, conversations. A l'extrême, un sujet peut gérer tous les paramètres dans les deux langues — ce qui est rarissime.

Plus couramment, on rencontre des personnes qui possèdent un ou deux paramètres dominants, qu'elles peuvent gérer dans une langue (c'est alors que l'on rencontre des difficultés scolaires), ou avec l'appui de leur seconde langue.

La plupart des difficultés d'apprentissage trouvent leur cause dans le défaut de gestion de l'un ou l'autre des paramètres ; les « points forts » sont déterminés par le type d'images utilisé préférentiellement dans les paramètres les mieux gérés. Par exemple, une bonne gestion visuelle du paramètre 2 — qui se fonde sur l'évocation visuelle des mots — explique l'aptitude à maîtriser l'orthographe d'usage. Un paramètre 3 audidif prédominant favorisera l'aptitude à l'argumentation, à l'explication de textes, au développement historique.

Une difficulté d'apprentissage n'est donc pas due à une carence d'aptitude, contrairement à ce que l'on avait toujours pensé. Elle est liée au manque d'usage d'une habitude. On a pris l'habitude d'évoquer les choses, non les mots. On a pris l'habitude d'évoquer pour restituer, et non pour prolonger et innover. Ou bien au contraire — le cas d'un paramètre 4 dominant est assez fréquent — on cherche immédiatement à transformer pour son usage ce que l'on a à peine pris le temps d'évoquer de manière objective : « esprit original, qui manque de connaissances de base », diront les professeurs. Toutes les évocations se font en effet en prolongeant, en « personnalisant », au détriment de l'apprentissage pur et simple. L'enfant a pourtant appris : mais à la manière dont il a pris l'habitude de le faire.

Le profil pédagogique permet ainsi de prendre conscience des habitudes de gestion évocative, et des aptitudes correspondantes ; et des absences d'habitude qui entraînent des inaptitudes. A cet objectif d'analyse s'associe immédiatement un ojectif de développement : il s'agit de comprendre quelles habitudes acquérir, et comment, pour faire progresser telle aptitude.

Entendons-nous bien : lorsque nous disons que les habitudes évocatives *déterminent* les aptitudes, nous n'établissons pas qu'il y a fatalité, bien au contraire. Nous montrons qu'il y a *explication*, et que celle-ci ne réside pas dans le degré d'intelligence de l'individu, mais seulement dans la manière dont il utilise ses ressources.

D'autre part, le profil pédagogique met en lumière deux notions capables de concourir hautement à la liberté et au développement personnel de l'individu, et lui donne l'occasion d'expérimenter leur découverte : il montre la valeur de l'introspection, et la capacité que nous avons, potentiellement, de diriger nos évocations.

Que nos habitudes mentales soient intérieures et personnelles ne les empêche pas d'être des faits observables ; avec l'aide d'un spécialiste, puis tout seuls spécialiste, puis tout seuls, nous pouvons les repérer, dans le dessein de les faire évoluer.

Nous comprenons que nos réussites ou nos échecs dépendent dans une large mesure des « directions évocatives » que nous avons l'habitude de prendre : tel utilise ses évocations pour comprendre, tel autre pour imaginer ; celui-ci n'est à l'aise que dans le « par cœur », celui-là dans le commentaire. Tout cela n'est en soi ni bien ni mal : il s'agit simplement de savoir si la procédure est appropriée à l'objectif que l'on s'est fixé ; et de saisir comment diriger ses évocations pour les rendre tout à fait pertinentes.

On voit ainsi quel est vraiment le sens et la portée du profil pédagogique : il se situe absolument à l'opposé de l'idée de « test », et en particulier de ceux qui prétendent mesurer le quotient intellectuel d'un individu. Nombre de parents sont à ce point marqués par cette notion de Q.I. qu'ils se précipitent, dès la première difficulté scolaire, pour faire mesurer celui de leur enfant. Outre que le principe même de quotient intellectuel est bien contestable, et d'ailleurs contesté — personne n'ayant jamais pu donner une définition réellement exhaustive et universelle de l'intelligence —, le problème n'est pas de quantifier, ou de constater, mais de comprendre comment progresser. Savoir que l'on est peu, moyennement ou très intelligent ne débouche pas sur grand chose, si ce n'est une sorte de statu quo : on n'a plus qu'à accepter sa position, sans chercher à l'améliorer Le profil pédagogique, au contraire, ne formule aucun jugement : il donne les moyens à la personne de piloter ses progrès.

De la nature et du sens du profil pédagogique découle, si l'on peut dire son *bon usage*. Il est en effet inutile de recourir à une technique aussi sophistiquée — et inévitablement coûteuse — si l'on n'en recherche pas les effets spécifiques, et si des méthodes d'approche plus conventionnelles se révèlent efficaces.

Le profil pédagogique est une technique de développement : ce n'est pas un remède.

Il ne s'utilise pas comme un « médicament », et ceci pour deux raisons :

— parce que l'individu ne doit pas être considéré comme un malade, sous prétexte qu'il rencontre des difficultés. L'enfant en échec scolaire n'est pas un patient auquel il convient d'administrer une potion. L'adulte qui rencontre des difficultés dans son travail ne manifeste aucune « anomalie ». Ce n'est pas un état malsain qui est la cause de leurs inaptitudes, mais un manque de développement : il s'agit de faire découvrir et non de guérir ;

— parce que ce n'est pas la consultation elle-même qui apportera la solution : elle ouvre à des solutions possibles. L'intérêt ne réside pas dans des prescriptions, mais dans la manière dont l'individu pourra se les approprier. Si l'on n'attend du profil pédagogique que des recettes, sans en retirer des principes d'attention à sa propre vie mentale et à celle des autres, et sans le prolonger par un travail d'expérimentation de nouvelles procédures, puis d'entraînement, le bénéfice sera faible.

Par contre, si le profil pédagogique est considéré comme il doit l'être, c'est-à-dire comme une découverte, guidée et facilitée par un spécialiste, et qui permet d'inventorier ses procédures mentales jusqu'alors inaperçues, il constituera le point de départ d'un progrès personnel considérable, et d'autant plus riche qu'il pourra être parfaitement autonome.

Le profil pédagogique engage à un effort : il ne le supprime pas.

Il permet d'éviter les efforts inutiles, ceux qui seraient incompatibles avec la gestion mentale particulière de l'individu. En particulier, vouloir s'échiner à extirper une habitude évocative est non seulement vain, mais dangereux : celui qui se donne des images mentales visuelles continuera de s'en donner, quoi qu'on fasse ; ce serait stupide de vouloir les remplacer par des images auditives. Bien au contraire, une nouvelle habitude évocative ne peut s'acquérir que dans le prolongement des habitudes évocatives existantes, et grâce à elles. Il ne faut pas contrarier systématiquement un enfant qui est à l'aise dans le « par cœur », sous prétexte que le « par cœur » est réputé *bête.* Cet enfant-là n'est pas stupide ; il a compris, à sa manière : sa manière consiste simplement à restituer tel quel ce qu'il a appris ; c'est ainsi qu'il trouve la sécurité qui lui est nécessaire par une sorte d'« instinct de conservation scolaire ». Son paramètre 2 est actuellement dominant : il ne s'agit pas de l'étouffer, mais bien au contraire de l'aider à développer son paramètre 3, pour l'ouvrir à des possibilités de commentaire ou d'application dont il s'est jusqu'ici défié.

Cette évolution va demander un entraînement, qui peut prendre du temps : ce qui suppose un effort et une volonté. Dans le cas d'individus jeunes, l'attitude des parents et de l'environnement en général est alors très importante : si la famille ne soutient pas cet effort, ou ne le comprend pas, ou intervient à contrepied ou à contre-courant, il n'est pas sûr que l'enfant, livré à ses seules forces, puisse progresser autant qu'il le pourrait.

Par contre, le profil pédagogique, en montrant les pistes de développement possibles selon l'objectif recherché, rend l'effort extrêmement payant : on sait exactement sur quoi l'on peut jouer, sur quoi l'on a prise, comment on peut se diriger soi-même. On ne se bat plus dans le brouillard : parce qu'on voit plus clair, on est à la fois plus serein et plus énergique.

Envisageons maintenant les choses très concrètement : qui peut tirer bénéfice d'une consultation de profil pédagogique ?

Toutes les remarques que nous venons de faire sur le « bon usage » de cette technique ont déjà, très certainement, éclairé et orienté votre réflexion. Un adulte qui souhaite améliorer la qualité et l'efficacité de son travail intellectuel sera, à n'en pas douter, intéressé et séduit : il y verra une approche radicalement nouvelle du développement personnel, un outil fondamental de connaissance de soi et des autres, applicable au travail individuel comme au management d'une équipe.

Mais vous êtes, actuellement, d'abord préoccupé par votre rôle de parent : vous souhaitez savoir s'il est utile de faire effectuer le profil pédagogique de votre enfant, ce que cela lui apportera exactement, et comment cette consultation peut se situer dans le dispositif que vous avez enclenché, ou auquel vous songez. Voici quelques conseils fondés sur notre expérience :

1. Une consultation de profil pédagogique sera extrêmement utile à un jeune homme — ou à une jeune fille — placé en situation de « compétition ». Comme nous l'avons vu dans le précédent chapitre, la préparation d'un concours ou d'un examen difficile, d'une épreuve sportive ou artistique, requiert la mobilisation de toutes les ressources et la recherche de leur plein rendement. S'il a bien compris ce qu'est le profil pédagogique, l'élève ou l'étudiant placé dans cette situation en tirera des renseignements et des perspectives de progrès parfaitement appropriés

aux objectifs qu'il se donne, et qui sont probablement assez clairs.

Dans un tel cas, le bénéfice tiré d'un profil pédagogique est d'autant meilleur que les objectifs à atteindre sont mieux définis et plus précis. Il est donc tout à fait souhaitable d'y réfléchir *avant* de venir à la consultation.

2. Un lycéen ou un étudiant tireront un bénéfice très positif d'une consultation de profil pédagogique s'ils en attendent l'occasion de mieux se connaître, et s'ils s'intéressent à l'analyse et à la découverte de leurs modes de fonctionnement propres. Un dialogue très individualisé avec un adulte qui n'est ni l'un de ses parents, ni l'un de ses professeurs, marque une étape importante dans la vie d'un jeune homme : c'est d'autant plus vrai s'il ne se situe pas sur le terrain psychologique, mais sur celui du fonctionnement intellectuel. Il s'agit là en effet d'un terrain neutre, où les jugements moraux n'ont pas cours, et sur lequel la personnalité adulte va pouvoir s'édifier de manière singulière.

Dans un tel cas, l'intervention des parents n'est pas vraiment souhaitable : ils sont reçus à la fin de la consultation pour un compte-rendu oral. Mais l'accent est mis sur l'autonomie et la responsabilité de l'adolescent ou du jeune adulte.

3. Une consultation de profil pédagogique peut aussi être considérée comme une « aide à la décision »

lorsqu'il s'agit d'envisager des choix d'orientation ou de poursuite d'études.

Comme nous l'avons vu dans le chapitre traitant de l'« élève moyen », de tels choix sont en effet à la fois graves et difficiles. Le lycéen n'a lui-même, en général, qu'une idée très floue de ce qu'il souhaite, et de ce que telle décision implique. Les parents ne savent trop que penser, et ne disposent que de peu d'éléments pour envisager l'avenir.

Mieux connaître la manière dont l'adolescent gère ses ressources intellectuelles constitue une pièce maîtresse du jeu : non pas qu'il faille tabler sur le statu quo — la consultation sera le point de départ d'une évolution — ; mais parce qu'il importe de mieux cerner les conditions de réussite des choix possibles, que le jeune homme — ou la jeune fille — en soit conscient, et qu'un dialogue réaliste et responsable puisse ainsi s'établir.

Il est indispensable, dans ce cas, que les parents soient étroitement associés à la consultation, même s'il vaut mieux qu'ils n'assistent pas au profil pédagogique lui-même. A l'issue de ce dernier, ils doivent pouvoir être reçus par le spécialiste qui leur donnera des explications détaillées permettant d'établir avec leur enfant un dialogue débouchant sur une « stratégie pédagogique » intelligente. Le profil pédagogique est alors intégré à une « consultation pédagogique » plus globale, réunissant parents et enfant.

4. En cas de grande difficulté scolaire, au collège et, parfois, à l'école primaire, l'établissement d'un profil pédagogique sera utile si les parents sont déterminés à prendre le relais.

La consultation mettra en effet en lumière la nécessité d'acquérir de nouvelles habitudes, et donc d'un entraînement patient et continu. Or un collégien — a fortiori un jeune enfant — ne saura pas le mener à bien tout seul, s'il n'est pas guidé, aidé, et s'il ne bénéficie pas d'un soutien convergent avec ce qui lui a été dit au cours de la consultation. Le profil pédagogique ne doit donc pas être envisagé indépendamment d'une formation des parents, ou, le cas échéant, d'un répétiteur capable d'aider l'enfant de manière suivie.

Cette solution demande un véritable investissement, en argent et surtout en temps et en énergie personnelle. En cas de difficulté grave, il faut que cet investissement soit envisagé sérieusement, ou ne soit pas.

Dans la majorité des cas, il s'agit simplement de faire acquérir de « bonnes habitudes » de travail, qui permettront de rentabiliser l'effort et de redresser des points faibles : la participation de l'enfant à un « stage de méthode » est alors beaucoup plus simple, moins coûteuse, et tout aussi efficace. Il y apprend les « gestes mentaux » qui doivent intervenir à chaque étape de son travail ; il repère la nature de ses évocations et comprend comment les utiliser au mieux ; on lui explique comment apprendre une leçon, comment comprendre un texte, comment lire un énoncé ; comment appliquer une règle... et il s'y entraîne sous la houlette d'un spécialiste de gestion mentale. Le travail avec d'autres enfants lui fait découvrir la diversité des procédures mentales, l'amène à s'intéresser aux siennes, et lui fait comprendre qu'il peut les faire évoluer. Pour bien des collégiens et des lycéens, ce type de stages constitue une solution raisonnable qui les aide à progresser et à résoudre l'essentiel de leurs difficultés. L'adolescent peut *ensuite* désirer faire établir son profil pédagogique : il en tirera un parti d'autant meilleur qu'il aura été déjà averti des principes de fonctionnement de sa vie mentale.

Lorsque les enfants sont encore à l'école primaire, les parents peuvent jouer un rôle essentiel de prévention et de construction. Le mieux qu'ils aient à faire est de se former : c'est pour eux l'occasion d'une découverte, qui débouche sur une nouvelle manière d'envisager l'aide qu'ils peuvent apporter à leur enfant.

On voit ainsi que la consultation de profil pédagogique n'est pas toujours la seule solution : elle n'est certainement pas une potion magique, capable d'effacer instantanément toutes les difficultés. Elle n'épargne pas un investissement personnel indispensable de la part des enfants et des parents. Il ne faut pas venir à une consultation de profil pédagogique sans avoir réfléchi à ce que l'on en attend, et sans être averti de son principe et de son sens. Il ne faut pas y expédier son enfant avec l'espoir secret de le voir revenir transformé. Le profil pédagogique ne garantit pas le succès au baccalauréat, ou le passage dans la classe supérieure, surtout s'il est pratiqué deux mois avant. C'est au contraire le point de départ d'un travail personnel important, qui doit pouvoir être conduit dans de bonnes conditions.

Le profil pédagogique constitue ainsi une technique très sophistiquée, qui doit s'intégrer à un processus de réflexion.

Un spécialiste analyse les procédures mentales utilisées par le sujet dans les différents domaines de son activité intellectuelle : il met en évidence un ensemble d'habitudes, avec ses failles et ses systèmes de relations ; il montre comment faire évoluer et équilibrer cet ensemble. L'expérience est extraordinairement enrichissante, si le sujet a la maturité et les possibilités d'entraînement nécessaires pour en tirer parti. Il s'agit d'un voyage de découverte au cœur de sa vie intellectuelle, qui doit inciter à poursuivre tout seul. Sa déduction et son intérêt résident dans l'étendue du domaine ainsi ouvert : notre activité mentale ne s'applique pas seulement à l'apprentissage scolaire, mais aussi à notre vie professionnelle, sociale, personnelle. La mise en évidence de notre profil pédagogique peut nous aider à mieux réfléchir, à mieux sentir, à développer nos capacités d'invention ou de création.

Pour la première fois, une technique d'investigation s'intéresse à notre vie intellectuelle, et non plus seulement à notre comportement psychologique. Bien entendu, les deux aspects sont intimement liés, dès lors qu'il s'agit d'une seule et même personne. Mais la « clef d'entrée » est ici très originale et très nouvelle : elle n'a pas les inconvénients que peut présenter, dans certains cas, une analyse psychologique poussée ; elle ouvre vers une découverte personnelle non perturbante, et foncièrement libre

ÉPILOGUE

ENTRETIEN
AVEC ANTOINE DE LA GARANDERIE

Cet entretien avec Antoine de la Garanderie se situe dans la foulée de plusieurs conférences réalisées devant des publics de parents et d'éducateurs. Les questions posées par les uns et par les autres, d'ailleurs souvent convergentes, manifestaient non seulement un vif désir de remédier aux difficultés scolaires vécues par certains enfants, mais aussi un intérêt personnel pour des perspectives d'éducation plus riches. La curiosité suscitée par les développements scientifiques et philosophiques des travaux d'Antoine de la Garanderie a ainsi orienté notre discussion.

Les pages qui suivent vous apportent, en direct, le message d'Antoine de la Garanderie et son style : celui d'une parole simple et amicale, qui s'appuie sur une réflexion et une expérience originale pour développer une leçon de sagesse.

— *Vos découvertes commencent à être connues et à trouver un très large écho dans le public. Vous y avez consacré de longues années de recherche et de réflexion. Quelles perspectives ouvrent-elles selon vous ? et d'abord sur le plan scientifique ?*

— Je crois qu'elles en ouvrent plusieurs. Il y a un premier champ d'application, qui devrait susciter l'intérêt du public : c'est celui de la relation entre l'esprit et le corps, entre ce qui est psychologique et ce qui est physiologique. D'autres développements scientifiques sont, eux proprement psychologiques. Sur le plan de la psychophysiologie, je crois qu'on peut faire des recherches très intéressantes en mettant en corrélation ce que des sujets peuvent observer en eux de façon précise et l'étude physiologique. On peut aujourd'hui étudier les ondes cérébrales : il y a même un nouvel appareil qui donne, sur écran, une véritable cartographie cérébrale. La caméra positron, quand à elle, permet de savoir quelle est la partie du cerveau qui est la plus irriguée. Selon le genre d'effort, les formes de tâches mentales, on peut faire des observations permettant de corréler le mental et le physiologique. Cela débouche sur une phénoménologie mentale, une analyse extrêmement précise de ce qui se passe lorsque le sujet est en situation de tâche.

Déjà, plusieurs expériences ont mis en lumière un phénomène qui mérite d'être approfondi : lorsqu'un sujet se met en situation d'évoquer, c'est-à-dire de se donner des représentations mentales, on n'a pas la même forme d'onde cérébrale que s'il a simplement la volonté de se concentrer.

— *Et cela a été expérimenté ?*

— Le professeur Laget * l'a montré sur un groupe de 90 enfants à l'Ecole Alsacienne. Cela est apparu d'une façon assez nette. Il paraît certain que le projet d'évoquer provoque une onde cérébrale positive. Plus le sujet est dans une situation de développement mental, de finalité mentale, plus l'amplitude est grande.

Par ailleurs, les travaux menés à Copenhague par l'équipe du Docteur Lassen ont fait ressortir que l'afflux du sang dans le cerveau supérieur augmente de 30 à 40 % lorsque la personne se donne un temps d'évocation, tandis que le cerveau moyen reste dans une situation normale d'irrigation. Cela veut dire qu'un champ extraordinaire de découverte s'ouvre devant nous.

— *Si je comprends bien, vous avez vous-même une approche scientifique de la vie mentale, et vous êtes prêt à travailler avec ceux qui ont une approche scientifique de la physiologie du cerveau.*

— Exactement. J'estime que le temps est venu de mettre en rapport des observations introspectives et des observations physiologiques. On dispose au-

---

* Directeur du laboratoire de physiologie cérébrale à l'Université Paris VI, et du service encéphalographique de l'hôpital Trousseau.

jourd'hui des appareils d'observation nécessaires pour établir la corrélation. Si l'on peut montrer qu'une forme mentale particulière, mise en piste par le sujet lui-même ou à l'instigation d'un pédagogue, détermine des processus particuliers où le cerveau est plus ou moins bien employé, cela vaudrait vraiment la peine. On ne peut pas laisser cette piste de côté.

Une autre exploitation est proprement psychologique. On peut établir le rapport entre l'efficacité d'un geste mental et l'efficacité du résultat.

— *C'est une sorte de mesure du rendement intellectuel.*

— On fait passer un test à un groupe témoin, sans lui donner de renseignements de gestion mentale. On fait repasser le même test un mois après, après avoir décrit et montré l'application des gestes mentaux. Croyez-moi : la comparaison est éloquente !

On peut mettre ainsi en piste des expérimentations variées sur des situations de tâche mentale. Le sujet apporte son témoignage sur la manière dont il s'y est pris en se donnant ou non des images, et comment, en ayant un projet finalisé ou simplement celui de se concentrer, etc. Si l'expérience porte sur de très nombreux sujets, on pourra sans aucun doute en tirer des conclusions très probantes.

— *Les perspectives pédagogiques sont-elles,*

immédiates, et abondamment prouvées. Qui doivent-elles intéresser en priorité ?

— Elles s'adressent aussi bien au professeur dans sa classe, à l'élève en train de travailler, aux parents qui veulent aider leurs enfants et, d'une façon générale, à chacun d'entre nous.

Au lieu d'envisager la pédagogie par rapport aux objectifs disciplinaires, professionnels ou scolaires, nous l'abordons sous un angle nouveau : celui des procédures d'apprentissage à mettre en place, aussi bien pour développer sa mémoire que pour se servir de son intelligence, de son imagination, ou de son habileté manuelle. Nous développons une intelligence des procédures. Ce sont elles qu'il faut faire connaître.

On veut adapter des gens à des disciplines sans savoir comment ces disciplines peuvent être maîtrisées. Nous nous sommes placés au cœur de la vie mentale : or c'est la vie mentale qui est condition d'adaptation à toutes les tâches. Ce que nous proposons débouche obligatoirement sur des résultats.

Si vous êtes dans un atelier de menuiserie, vous ne vous contenterez pas de montrer à l'apprenti la scie, le rabot et les morceaux de bois. Vous allez lui enseigner l'art de s'en servir : comment il peut faire. Eh bien de la même manière, il y a un art de se servir de sa mémoire, de son intelligence, de son imagination. Il correspond à des structures fondamentales de fonctionnement. Il faut en passer par elles parce que ce sont ces structures qui sont efficaces, qui sont adaptées.

Sur un plan très général, ce que nous proposons c'est l'analyse de la manière de faire marcher une machine : notre cerveau. Et nous disons ; l'attention, la réflexion, cela fonctionne ainsi. Si l'on n'en tient pas compte, si l'on n'en informe pas le sujet, il va tâtonner, il va s'enfermer dans des petites habitudes qu'il a prises, sans avoir l'intelligence de la situation mentale qui est la sienne. On dira qu'il n'est pas doué, ou qu'il ne fait pas d'efforts. Alors qu'il y a une voie royale qui est celle de l'intelligence des moyens à mettre en œuvre, qui correspondent à la machine cérébrale.

— *C'est une sorte de révolution pédagogique. Si vous renseignez le sujet sur la manière dont il peut agir sur sa propre vie mentale, et donc à terme se développer tout seul, vous ôtez le pouvoir aux pédagogues.*

— Le rôle du pédagogue, c'est de permettre aux élèves de « se sauver tout seul ». De même un parent a pour rôle d'aider son enfant à se tirer d'affaire tout seul. Si le pédagogue veut conserver l'idée que c'est lui, son talent, ses connaissances qui font évoluer ses élèves, il ne leur reconnaît plus qu'un pouvoir psychique. La pédagogie ce serait pour le maître, la morale pour les élèves. Alors qu'au contraire le maître doit donner des instruments aux élèves.

— *Est-ce que cela implique que le maître n'ait*

besoin ni de talent ni de connaissances ? J'imagine que non.

— Au contraire. Je dirais que cela redouble les exigences du point de vue de l'enseignant. Il faut qu'il ait la connaissance de ce qu'il enseigne, mais aussi qu'il ait l'intelligence de la manière dont les élèves vont le recevoir. Cette compréhension du fonctionnement cérébrale de l'élève, l'enseignant devrait le posséder absolument. Son rôle devrait en être presque transfiguré ! Il n'aurait plus à se heurter à des élèves qui ne comprennent pas.

— *Est-ce si important aujourd'hui d'avoir une vie intérieure ? Ne seriez-vous pas un peu tradition naliste ?*

— Sur ce concept de vie intérieure, il y a bien des équivoques. Nous vivons sur un passé qui a donné une coloration particulière à l'examen de conscience. A partir de la confession catholique, il s'agissait de faire une étude sur soi pour rechercher sa responsabilité morale. Ce qui a un peu tourné à l'obsession : il faut que je fasse attention à ceci, que je n'aie pas de mauvaises pensées, etc. A force, c'était un peu malsain.

Il y avait polarisation sur l'aspect moral de l'examen de conscience, qui permettait sans doute à certains pouvoirs spirituels de s'exercer d'une manière extrêmement pregnantes sur les mentalités.

Or l'aspect positif de la vie intérieure, c'est de

penser ses choix et son développement. Elle peut, au lieu de ragarder vers le passé ses actes, se tourner vers l'avenir. C'est dans ce sens que je pense à l'intérêt d'une vie intérieure : elle débouche sur une réalisation de soi, un épanouissement. Il faut y revenir dans un sens positif, constructif.

— *Est-ce que vous pensez que notre époque favorise la vie intérieure ? N'avez-vous pas le sentiment que lorsque les gens rencontraient moins de sollicitations extérieures, ils étaient amenés, par une sorte de pauvreté de l'environnement immédiat à se projeter vers une vie intérieure plus riche en imaginant, en écoutant, en se racontant ? N'y a-t-il pas, paradoxalement, un appauvrissement de la vie intérieure lorsque la vie extérieure est plus riche et plus pregnante ?*

Je pense que c'est tout à fait juste : vous avez maintenant des personnes qui ne peuvent pas passer une heure dans le train sans se mettre des écouteurs aux oreilles. Lorsqu'on rentre chez soi, on ouvre le bouton de la télévision. Dès qu'on pourrait se trouver seul avec soi-même, il y a une sorte de fuite en avant de soi. Des appareils vont pouvoir évoquer et penser pour nous.

Cela se traduit même au niveau institutionnel. Entre l'époque où j'étais au collège et maintenant, je suis frappé par la différence du nombre d'heures de classe et d'étude. De mon temps, il n'y avait jamais plus de 4 heures de cours par jour : le nombre d'heures d'étude était au moins de 5 heures.

— *Et les études étaient tranquilles, j'imagine ?*
— Bien sûr.

— *Or cela n'existe plus du tout.*
— Ce que j'évoque n'a pas un siècle, tout de même ! La plupart des établissements fonctionnaient ainsi. Maintenant vous avez 6 à 7 heures de cours par jour, plus les transports scolaires. Comment voulez-vous que l'enfant prenne le temps de réfléchir !

— *Il n'y a aucun moment de calme.*
— Aucun. On arrive à la maison. On fait ses devoirs, on mange, on regarde la télévision. Il n'y a aucun moment réservé à la réflexion. Par suite des progrès des techniques, tout se passe comme si l'homme se détournait de sa vie intérieure. Or je me demande si tout cela n'amène pas, paradoxalement, à y revenir.

— *L'évolution dont nous parlons est irréversible. On ne reviendra pas au coin du feu, ni aux études disciplinées !*
— On ne va pas se mettre, comme Polyeucte, à briser les idoles. C'est impensable. Mais on peut se demander si les êtres ne vont pas être amenés, d'eux-

mêmes, à avoir une réaction de sagesse On voit cela dans l'histoire : lorsque les progrès de la société entraînent des risques humains, il y a des réactions très fortes. Cela m'a toujours frappé. A la montée du fascisme correspond le personnalisme. Les philosophies de la liberté correspondent à la montée du goulag. Je me demande si aujourd'hui la protestation ne va pas être le protestation de la vie intérieure, de l'instinct de conservation vital de l'être humain.

— *Ce qui impliquerait de la part des familles d'aménager des espaces de sérénité.*

— Oui. Des espaces de sérénité permettant à la vie mentale de se développer. Cet apport extérieur, nous n'avons plus à nous y abandonner fiévreusement, nous avons à le gérer.

— *Vous parlez des conditions de fonctionnement de l'intelligence. Que pensez-vous de la notion de Quotient Intellectuel, qui est tellement populaire aujourd'hui que la première réaction des parents qui voient leur enfant en difficulté scolaire est de faire mesurer son Q.I. ?*

— Je remets en question très sérieusement le Q.I. tel qu'il est établi. Je vais vous dire pourquoi.

Au moment, où je commençais à réfléchir sérieusement à cette notion de vie mentale, j'ai demandé pour un temps à être psychologue scolaire. Il faut vous dire que j'avais fait des études de psychologie. Ce que j'ai constaté en faisant passer des tests m'a effaré.

Je me suis rendu compte que certains tests privilégiaient des facteurs mentaux. Par exemple, le CATTELL — test d'intelligence générale venu des Etats-Unis — comprend des épreuves d'appréciation de figures : un certain nombre d'épreuves portent sur des analogies de structures à identifier. Il y a beaucoup moins de questions portant sur l'identification de structures différentes. Or, ces questions-là deviennent vite extrêmement difficiles.

Ce que j'ai constaté, c'est que certains élèves pouvaient aller très loin dans les identifications de cette seconde partie du test et « louper » des similitudes élémentaires. Ils avaient alors un Q.I. inférieur à la moyenne, alors qu'ils avaient été très loin dans l'identification des différences. C'est bien contestable.

Une autre expérience m'a fait réfléchir. J'ai remarqué que les résultats aux tests étaient différents selon que les enfants avaient eu ou non des renseignements de gestion mentale. La description des gestes mentaux et l'entraînement à les appliquer faisaient grimper les résultats !

— Depuis, j'émets quelques doutes.

— Voulez-vous que nous passions à un aspect plus pratique ? Vous savez qu'aujourd'hui de nombreux parents sont inquiets devant les difficultés scolaires que rencontrent leurs enfants. Ils se demandent comment faire pour les aider, se sentent démunis. Quels conseils aimeriez-vous leur donner ?

— Il faut d'abord effacer une distinction imposée par une certaine direction de la pédagogie, selon laquelle le développement de l'intelligence serait une affaire proprement scolaire.

La famille y a très largement sa part. Si l'on parle avec ses enfants, dès leur plus jeune âge, en leur demandant de raconter ce qu'ils ont vu ou entendu, de se rappeler des conversations ou des scènes vécues en commun, on les ouvre à une vie mentale personnelle, et on épanouit leurs facultés intellectuelles.

Un autre aspect concerne encore plus directement les parents. C'est l'exemple de leur propre développement personnel qui comptera lorsque les enfants seront plus grands. Si la famille est seulement un endroit où l'adolescent vient pour manger et pour dormir, il n'y trouvera pas matière à son propre développement. Si les parents sont eux-mêmes en projet de progresser, s'ils manifestent de l'intérêt pour une recherche intellectuelle, artistique, ou autre, le milieu sera incontestablement plus riche et plus porteur pour un jeune homme ou une jeune fille.

J'ai souvent observé que bien des artistes sont issus de milieux artisans : ils ont vécu dans une famille où le souci d'une certaine perfection, le goût de l'œuvre originale, de la découverte de belles formes étaient des valeurs quotidiennes. Cela a alimenté leur propre réflexion, et le développement de leur activité créatrice.

— *Nous avons beucoup parlé de réussite scolaire, et nous venons d'évoquer des aspects beaucoup plus ouverts. Pensez-vous que la réussite scolaire est une fin en soi ?*

— Ce n'est pas une fin en soi. Mais, dans notre contexte social, elle est sûrement un facteur d'équilibre pour l'enfant. L'échec scolaire est sûrement un facteur de déséquilibre. Je suis tenté de majorer la part de la réussite scolaire aujourd'hui.

— Permettez-moi de me référer encore au passé. Dans ma jeunesse, le projet de nombreux enfants n'était pas celui de la réussite scolaire : leur équilibre était ailleurs. On deviendrait agriculteur, ou artisan : la réussite scolaire n'était pas en soi très motivante ; et l'échec dans ce domaine n'était pas un facteur de détérioration psychique. Dans mon petit coin de Mayenne, c'est très net. L'école, on y allait parce qu'il fallait bien, avec l'idée qu'on en prend et qu'on en laisse. Ce n'était pas le plus important. Il n'y avait pas cette sorte de prestige de l'aptitude scolaire. Il y avait quelques bons élèves : on avait de l'estime pour eux, sans plus.

— *Ce n'était pas déterminant socialement*

— Non. Alors qu'aujourd'hui, les mentalités ont changé et la réussite scolaire prend un poids considérable. Il y a un certain nombre d'enfants qui sont en état de trouble psychique uniquement parce qu'ils échouent scolairement. De plus, même s'ils n'ont pas de troubles psychiques, on les emmène chez le psychologue et on va les considérer comme n'étant pas en situation normale : peut-être parce qu'on préfère penser qu'il s'agit d'un problème psychique plutôt que d'un problème d'aptitude. En vérité, il ne s'agit dans la plupart des cas ni de l'un ni de l'autre, mais d'un problème d'éducation. Il y a aujourd'hui toute une ambiance qui amène à introduire des troubles dans les comportements.

— *Ce qui est tout de même très exagéré. On voit des jeunes gens qui réussissent médiocrement à l'école, et qui réussissent très bien dans la vie.*

— Il y a une confiance à sauvegarder. La majoration de la réussite scolaire risque de nous faire tomber dans des excès d'exigence. Il faudrait faire davantage confiance à la vie, et s'ouvrir davantage aux goûts et aux motivations de l'individu. C'est à un changement culturel des mentalités qu'il faut songer.

— *L'éducation devient pour la première fois un sujet public très important. Naguère, les rubriques Education des journaux étaient réduites à la portion congrue. Depuis peu, la presse en parle. Les news lui consacrent des numéros spéciaux. Education et formation deviennent un centre d'intérêt majeur.*

— Cela va dans le sens de cette prise de conscience que l'être humain est un être de réflexion. Ce qui est en cause aujourd'hui, c'est que l'homme s'aperçoit qu'il ne peut affronter ses problèmes que par un développement personnel. L'homme veut se sauver en se retrouvant avec lui-même pour ne pas être englouti. Le souci éducatif est celui de se constituer, ou de se reconstituer, une intériorité.

— *Qu'est-ce que cela implique dans nos relations avec les autres ?*

— Si l'on prend en compte la réalité de la vie mentale, on a la perspective de demander à autrui de se développer lui-même et de prendre en compte le développement des autres. Ce qui devrait apaiser les relations « dures » que nous avons les uns vis-à-vis des autres.

A partir du moment où l'on pense qu'on est au service d'un progrès, que tout le monde a à apporter et à témoigner par une œuvre personnelle, cela change l'essence de nos relations.

Dans les rencontres sportives, on voit deux champions qui se battent, qui donnent un beau spectacle. Je pense au tennis que je pratique beaucoup. Ecoutez l'un des joueurs, interrogé après le match : « oui, aujourd'hui j'étais à mon meilleur niveau ; mais mon adversaire n'a pas servi comme il sert d'ordinaire ; sinon je n'aurais pas pu faire ce que j'ai fait ». Dans ce type de témoignage, des êtres cherchent à s'apprécier par rapport à quelque chose de beau et de grand : leur lutte est une situation où ils tendent à donner toute leur mesure par rapport à un compétiteur : ce n'est pas une situation de crispation, de refus de l'autre.

Cela nous oriente vers une ontologie pacifiée, où l'on reconnaît les qualités de chacun.

— *Ce qui dans votre esprit n'exclut pas la compétition, ni la performance.*

— Exactement. Il est bon de s'affronter pour progresser. Ce n'est pas pour autant qu'il faut se croire supérieur. Les êtres humains n'auraient pas cet esprit de tueurs s'ils se savaient reconnus, s'ils se reconnaissaient eux-mêmes dans les progrès qu'ils peuvent faire. Cela n'empêche pas de désirer voir les autres développer leurs qualités.

— *Quelle peut être l'éducation de demain ?*

— Je souhaiterais qu'elle soit une prise en compte de tous les moyens dont l'homme peut disposer pour assurer son développement. Qu'elle soit fondée sur une intelligence des moyens.

On a fait un inventaire extraordinaire des forces matérielles ; mais je suis sûr qu'on est loin d'avoir épuisé cette recherche. Je suis sûr qu'il existe des formes d'énergie plus proches de nous que celles que nous avons jusqu'ici trouvées. Dans l'histoire de l'humanité, les choses les plus proches sont celles que nous découvrons le plus tard.

— *Cela veut dire que les nouvelles grandes découvertes vont être d'autant plus remarquables qu'elles seront plus proches de nous . L'Amérique, c'est notre nouveau monde intérieur.*

— Nous ne l'avons pas inventorié suffisamment. Nous n'avons pas conscience de toutes nos ressources. Il y a là un travail qui va s'intensifier.

C'est un domaine qui est au point de convergence de la philosophie et de la science expérimentale : cela devrait passionner notre époque.

Nous n'avons pas pensé que nous pouvions être maîtres de notre vie mentale, au lieu de dépendre de forces qui nous sont étrangères. Nous sommes par rapport à notre vie mentale comme nos ancêtres qui avaient peur de l'orage : nous pensons à quelque chose de magique, alors que ce sont des phénomènes qui s'expliquent parfaitement. Aujourd'hui, tout se passe comme si le mental ne nous appartenait pas : on dépend de son tempérament, ou de sa génétique, au lieu de penser que les forces de notre vie mentale sont à notre disposition.

On va de plus en plus s'en aviser. Le progrès va être de plus en plus celui de la conscientisation, et par là-même de la liberté. Il dépend de nous d être ce que nous sommes. Ce n'est pas tout à fait un hasard si l'on en vient à la gestion mentale aujourd'hui.

CONCLUSION

Nous avons raison de nous préoccuper de la réussite de nos enfants, et de penser que nous pouvons y être pour quelque chose.

Les conseils qu'Antoine de la Garanderie nous apporte n'ont aucun caractère moralisateur : ils sont pratiques, logiques, précis. Ils sont fondés sur la connaissance de la vie mentale que ses travaux lui ont permis d'acquérir, et qu'il souhaite nous faire partager.

Les comprendre et les suivre ne peut nous faire que du bien : notre regard sur nos propres capacités, et sur celles de nos enfants, en sera transformé et élargi. Ce qui paraissait impossible est à notre portée si nous le désirons et si nous en prenons les moyens : nous pouvons diriger notre vie intellectuelle, et apprendre à nos enfants à le faire. Nous pouvons ouvrir le champ de notre compréhension et de notre imagination, et contribuer à épanouir chez nos enfants ces facultés indispensables à une vie intérieure plus riche et à une activité sociale et professionnelle réussie.

Mieux utiliser ses capacités, c'est cesser d'être son propre ennemi : l'énergie gagnée sur les efforts inutiles nous permettra d'étendre notre champ d'action et de relations. Nous y gagnerons davantage d'ouverture d'esprit à l'égard des autres, et de sérénité vis-à-vis de nous-mêmes.

La perspective dans laquelle se situent les travaux d'Antoine de la Garanderie est essentiellement positive et dynamique. L'un des premiers, il a laissé de côté les discours sur les causes de l'échec pour s'intéresser aux conditions du succès. Bien entendu, on peut tourner en rond pendant des années en se lamentant sur toutes les imperfections de notre vie sociale, et de notre système éducatif. S'il est important en effet de chercher à les corriger — sans pour autant induire de plus grands déséquilibres — il est essentiel de placer la question à son plus haut niveau, celui du progrès humain. Or celui-ci est le fruit des multiples progrès individuels, qui sont de nature à stimuler et à accompagner ceux des autres. C'est en progressant nous-mêmes que nous aidons le mieux nos enfants à se développer : la connaissance des moyens propres à assurer le bon fonctionnement de notre machine mentale en est le moteur

Les capacités et les énergies disponibles sont loin d'être pleinement utilisées. Personne ne peut croire qu'il n'existe aucun potentiel d'intelligence et de création chez les trois-quarts des jeunes gens, comme le laissent entendre les résultats scolaires. Il y a certainement là, au contraire, une richesse mal exploitée dont nous aurions grand besoin. Ce n'est pas d'un manque d'intelligence dont nous souffrons, mais d'un manque d'émergence des capacités.

La méthode la Garanderie nous donne les moyens de les révéler et de les mettre en œuvre. Il y avait beaucoup d'individus doués et nous ne le savions pas : nous savons aujourd'hui comment peut naître le talent.

ANNEXE

Enquête initiative et Formation sur les finalités de l'enseignement

Cette enquête a été conduite par Marie-France Le MEIGNEN, l'une des très bonnes spécialistes française des questions d'évaluation. Elle a été faite auprès d'enseignants, d'élèves et de parents. Nous avons retenu un échantillon de 300 réponses pour chacune des catégories.

Une liste d'objectifs que l'on peut assigner à l'enseignement en général, celui des collèges et des lycées, a été proposée. Cette liste a été établie par des chercheurs en sciences de l'éducation, pour des recherches et des sondages qui ont été effectués en particulier en Angleterre, en Irlande et en Belgique*.

Il s'agissait d'abord de déterminer à travers les 40 objectifs proposés, ceux qui devraient être priori-

* Recherche effectuée par J. Raven et communiquée au colloque de Francfort en 1972. Sondage établi en Belgique par V. et G. de Landsheere et publié dans la revue « Education » (Liège)

taires. Ensuite, il fallait estimer si ces objectifs étaient, ou non, pris en compte par le système éducatif : « pris en compte » signifiant faire l'objet d'apprentissages et éventuellement d'évaluations. Enfin, ces objectifs sont-ils atteints à travers le système éducatif, qu'ils aient été pris en compte ou non par celui-ci. On peut très bien imaginer en effet qu'à travers des méthodes pédagogiques on parvienne indirectement à des résultats positifs.

Les 10 objectifs prioritaires

Parmi les dix objectifs considérés comme prioritaires (*), sept sont communs aux trois catégories enseignants-parents-élèves. Il y a donc un large consensus ; mais des différences non négligeables apparaissent soit dans l'ordre de classement, soit dans le taux des suffrages.

Ainsi les objectifs de type affectif sont placés dans les tout premiers rangs par les élèves, ils le sont un peu moins chez les parents, et encore moins chez les enseignants.

Pour un même objectif situé dans les dix premières places, il peut y avoir des écarts importants de suffrages : le n° 19 par exemple « *s'intéresser à ce qui se passe dans le monde d'aujourd'hui et le comprendre* » est prioritaire pour 78 % des enseignants et 51 % des parents seulement. Une telle différence de 27 points est significative. Le seul item qui fasse un score à peu près identique dans les trois cas est le n° 11 : 70 % des parents-enseignants-élèves estiment que « *s'habituer à prendre des responsabilités* » est très important.

Parents et enseignants ont trois autres objectifs en commun. Les élèves par contre ont deux objectifs qu'ils sont les seuls à classer dans les premiers : le n° 6 « *avoir ses opinions personnelles* » et le n° 26 « *s'intéresser à autre chose que ce que l'on enseigne à l'école* », choix qui marque un net besoin d'indépendance.

Globalement parmi les dix objectifs sélectionnés on en distingue la moitié de type cognitif et la moitié de type affectif. Les objectifs de type cognitif concernent les opérations intellectuelles ou les outils, c'est-à-dire des moyens et non des connaissances : il s'agit de savoir raisonner, savoir observer, savoir s'exprimer par oral et par écrit. Il faut aussi faire preuve de curiosité et d'ouverture : s'intéresser à ce qui se passe autour de soi et le comprendre. Les objectifs de type affectif concernent les comportements vis-à-vis des autres et vis-à-vis de soi-même. Il est intéressant que ces objectifs apparaissent pour tous prioritaires, et qu'il y ait un consensus pour qu'ils soient acquis, au moins en partie, à travers le système éducatif !

ENSEIGNANTS
LES 10 OBJECTIFS PRIORITAIRES

Rang	Numéro et libellé de l'objectif	Globalement... (en %)			
		Pris en compte	Pas pris en compte	Atteint	non atteint
1	19. S'intéresser à ce qui se passe dans le monde d'aujourd'hui et le comprendre.	70,4	29,6	33,1	66,9
2	25. Savoir formuler des hypothèses, chercher des preuves, raisonner logiquement.	84,0	16	34,2	65,8
3	16. Savoir utiliser ce qu'on a appris pour résoudre des problèmes en dehors de l'école.	35,1	64,9	22,1	77,9
4	11. S'habituer à prendre des responsabilités.	40,7	59,3	19,7	80,3
5	5. Savoir s'exprimer facilement par la parole.	74,8	25,2	37,1	62,9
6	9. Savoir s'exprimer clairement par écrit.	92,0	8,1	33,0	67,0
7	27. Savoir observer et écouter.	74,3	25,7	29,7	70,3
8	7. Etre tolérant.	48,8	51,2	17,4	82,6
9	1. Se former un caractère et une personnalité.	26,8	73,2	22,5	77,5
10	18. Avoir confiance en soi et être à l'aise dans ses rapports avec les autres.	30,5	69,5	20,1	79,9

PARENTS

LES 10 OBJECTIFS PRIORITAIRES

Rang	Numéro et libellé de l'objectif	Globalement.. (en %)			
		Pris en compte	Pas pris en compte	Atteint	non atteint
1	11. S'habituer à prendre des responsabilités.	33,8	66,2	19,7	80,3
2	27. Savoir écouter et observer.	55,1	44,9	31,9	68,1
3	40. Etre capable d'étudier par soi-même.	51,7	48,3	23,4	76,6
4	1. Se former un caractère et une personnalité.	39,4	54,6	15,8	84,2
5	18. Avoir confiance en soi et être à l'aise dans ses rapports avec les autres.	35,6	64,4	22,2	77,8
6	5. Savoir s'exprimer facilement par la parole	73,4	26,6	34,4	65,6
7	16. Savoir utiliser ce qu'on a appris pour résoudre des problèmes en dehors de l'école.	35,6	64,4	20,0	80,0
8	9. Savoir s'exprimer clairement par écrit.	86,2	13,8	36,7	63,3
9	19. S'intéresser à ce qui se passe dans le monde et le comprendre.	62,0	38,0	33,3	66,7
10 ex.	7. Etre tolérant.	46,5	53,5	27,5	72,5
10 ex.	25. Savoir formuler des hypothèses, chercher des preuves, raisonner logiquement.	77,6	22,4	29,3	70,7

ÉLÈVES
LES 10 OBJECTIFS PRIORITAIRES

Rang	Numéro et libellé de l'objectif	Globalement... (en %)			
		Pris en compte	Pas pris en compte	Atteint	non atteint
1	5. Savoir s'exprimer facilement par la parole.	87.9	12,1	53,1	46,9
2	1. Se former un caractère et une personnalité.	26,7	73,3	60.0	40,0
3 ex.	11. S'habituer à prendre ses responsabilités.	46,6	53,4	45,0	55,0
3 ex.	19. S'intéresser à ce qui se passe dans le monde et le comprendre.	58,7	41,3	51,4	48,6
5	18. Avoir confiance en soi et être à l'aise dans ses rapports avec les autres.	35,2	64,8	30,7	69,3
6	6. Avoir ses opinions personnelles.	39,1	60,9	52,6	47,4
7	9. Savoir s'exprimer clairement par écrit.	86,5	13,5	63,6	36,4
8	40. Etre capable d'étudier par soi-même.	59,4	40,6	44,0	56,0
9	26. S'intéresser à autre chose que ce qu'on enseigne à l'école.	27,4	72,6	50,0	50,0
10	25. savoir formuler des hypothèses, chercher des preuves, raisonner logiquement.	75,5	24,5	55,1	44,9

Les objectifs pris en compte et atteints

Lorsqu'il s'agit d'estimer si les objectifs considérés comme prioritaires sont, ou non, pris en compte par le système éducatif, on observe une convergence d'opinion entre les trois parties : les objectifs de type cognitif sont pris en compte, mais pas les objectifs affectifs.

Pour les premiers, il y a tout de même une disparité importante dans les suffrages. Les enseignants, sûrs de ce qu'ils pratiquent, sont assez optimistes : 70 à 80 % d'entre eux répondent positivement, et jusqu'à 92 % lorsqu'il s'agit de s'exprimer clairement par écrit. Les parents sont un peu plus réservés : 55 % seulement par exemple estiment que l'on apprend à « *observer et écouter* », contre 74 % des enseignants.

Aucun objectif affectif n'est considéré comme pris en compte et cela paraît grave. Les instructions du Ministère de l'Education Nationale sont pourtant claires à ce sujet ; dans de nombreux textes il est question de « *formation de la personnalité* », d'« *apprentissages de la responsabilité et de l'autonomie* », etc. Alors pourquoi ce constat de carence ?

Plusieurs explications peuvent être apportées. La première est que les objectifs affectifs ne figurent pas à l'examen. Ensuite il faut bien reconnaître que les apprentissage dans ce domaine sont délicats, et les évaluations particulièrement difficiles. Enfin bon nombre d'enseignants ne souhaitent pas s'immiscer dans ce qu'ils considèrent comme la vie privée de leurs élèves.

Pourtant c'est peut-être en prenant en compte sciemment cet aspect de l'éducation que l'on pourra contribuer à diminuer les différences entre les élèves. Suivant leur origine socioprofessionnelle, les parents peuvent plus ou moins assumer cet aspect de la formation des jeunes avec toutes les incidences que cela peut avoir sur une réussite scolaire et un avenir.

Il faut bien en arriver au résultat : Quels objectifs sont atteints ? Là, c'est le désastre.

Aucun objectif n'apparaît globalement atteint et ne réussit à rassembler au moins la moitié des suffrages des adultes. Pour 70 à 80 % des parents et des enseignants, les objectifs affectifs ne sont pas atteints, pour 60 à 65 % d'entre eux les objectifs cognitifs ne le sont pas non plus. Les réponses qui ont été faites sont bien entendu des évaluations subjectives, mais la convergence dans le constat d'échec est surprenante.

L'image de notre système éducatif a été beaucoup dénigrée ces dernières années, et cette « intoxication » trouve peut-être ici une conséquence. Pourtant des enquêtes sérieuses ont montré que, contrairement à ce qui est souvent affirmé dans les médias, le niveau des élèves n'a pas baissé.

Les élèves sont, eux, plus encourageants : hormis « *avoir confiance en soi et être à l'aise dans ses rapports avec les autres* » que 30 % seulement estiment atteint, tous les autres objectifs prioritaires sont considérés comme atteints par 45 à 60 % des jeunes.

Même si les suffrages ne sont pas très élevés, c'est tout de même un peu réconfortant. On fera remarquer que les adolescents n'ont pas assez de recul pour pouvoir juger, qu'ils se surestiment parfois, et que certains d'entre eux ayant répondu au questionnaire n'avaient pas terminé leurs cursus lycéen.

Les 5 derniers objectifs

L'observation des propositions qui arrivent en queue de liste dans les trois catégories amène à faire un certain nombre de remarques :

— L'Ecole, qui traditionnellement était un lien de curiosité intellectuelle, semble avoir perdu cette aura. Des objectifs tels que « *avoir l'occasion de se familiariser avec beaucoup de domaines comme la sociologie, etc.* » et « *s'intéresser aussi aux parties du cours qu'il ne faut pas connaître pour l'examen* » ne font pas recette.

— On retrouve la permanence de deux tabous : celui de l'argent (« *savoir bien utiliser l'argent gagné* » est banni), ainsi que celui de la morale (« *avoir une éducation morale complète* » et « *savoir ce qui est bien et ce qui est mal* » sont rejetés). A l'époque de Jules Ferry l'école devait ouvrir au moins à une certaine réflexion morale, c'était l'une de ses missions.

— Chez les jeunes, on assiste aussi à une dégradation de la notion de citoyen. « *Participer à la prospérité et au rayonnement de son pays* » arrive au 40e et dernier rang ; « *avoir le sens du devoir envers la communauté* » est également en 33e position.

— « *Connaître des choses directement utilisables dans un métier* » arrive respectivement en 31e, 32e et 38e position pour les élèves, les enseignants et les parents. C'est l'image de l'école-prestige, qui doit offrir une culture, et ne pas se préoccuper d'un métier.

Ce dernier point va à contre-courant de ce qui se passe aujourd'hui. Les récentes décisions du Ministère de l'Education Nationale concernent l'introduction de la technologie au collège, ainsi que le développement de l'enseignement technique et des bacs professionnels rompent avec cette idée.

Quant à la re-introduction de l'instruction civique à l'école et au collège, elle ne semble pas inutile compte tenu des résultats que nous avons cités plus hauts.

ENSEIGNANTS

LES 5 DERNIERS OBJECTIFS

RANG	NUMERO ET LIBELLE DE L'OBJECTIF
36 ex. a	39. Savoir se donner du bon temps.
36 ex. a	37. Avoir l'occasion de se familiariser avec beaucoup de domaines comme la sociologie, etc.
36 ex. a	15. Avoir une éducation morale complète.
39	36. Savoir comment élever les enfants, savoir bricoler à la maison.
40	33. Savoir bien utiliser l'argent gagné.

L'objectif le plus souvent cité en première place

Remarquable consensus entre les trois parties lorsqu'il s'agit de l'objectif le plus souvent cité en première place. C'est le n° 1 : « *se former un caractère et une personnalité* ».

OBJECTIFS LE PLUS SOUVENT CITÉS COMME PRIORITAIRES (RANG 1)

	Numéro et Libellé	Pourcentage
PAR LES ENSEIGNANTS	1. Se former une personnalité et un caractère	19,5 %
	5. Savoir s'exprimer facilement par la parole	7,3 %

	Numéro et Libellé	Pourcentage
PAR LES PARENTS	1. Se former un caractère et une personnalité	27,3 %
	25. Savoir formuler des hypothèses, chercher des preuves, raisonner logiquement	10,0 %

	Numéro et Libellé	Pourcentage
PAR LES ELEVES	1. Se former un caractère et une personnalité	31,9 %
	2. Devenir indépendant	6,1 %

ELEVES

LES 5 DERNIERS OBJECTIFS

RANG	NUMERO ET LIBELLE DE L'OBJECTIF
35 ex. a	32. Savoir calculer facilement.
35 ex. a	36. Savoir élever des enfants, savoir bricoler à la maison.
37	24. S'intéresser aussi aux parties du cours qu'il ne faut pas connaître pour l'examen
38 ex a.	10. Savoir ce qui est bien et ce qui est mal.
38 ex. a	15. Avoir une éducation morale complète.
40	29. Participer à la prospérité et au rayonnement de son pays.

PARENTS

LES 5 DERNIERS OBJECTIFS

RANG	NUMERO ET LIBELLE DE L'OBJECTIF
36	33. Savoir bien utiliser l'argent gagné.
37	35. Etre informé des problèmes sexuels.
38	30. Connaître des choses directement utilisables dans un métier.
39	24. S'intéresser aussi aux parties du cours qu'il ne faut pas connaître pour l'examen.
40 40	37. Avoir l'occasion de se familiariser avec beaucoup de domaines comme la sociologie, etc.

Il est plus surprenant de constater ce fait chez les enseignants que chez les parents ou les élèves. Cela dénote une évolution dans ce corps professionnel, évolution qui s'accompagne depuis plusieurs années d'une diminution de la priorité au savoir. Les enseignants ont, eux aussi, été sensibles à cette tendance.

Les marques « gestion mentale », « profil pédagogique » et « méthode La Garanderie » sont déposées à l'INPI.

Les concepts et les procédures mis en lumière par les travaux d'Antoine de la Garanderie sont accessibles à chacun pour son usage personnel, ou pour aider ses propres enfants.

En revanche, leur diffusion doit être assurée de manière correcte par des spécialistes qui les ont parfaitement compris, et qui en ont expérimenté l'application de manière approfondie.

L'association initiative et Formation décerne un « label » aux personnes jugées compétentes pour former les enseignants à la théorie et à la pratique de la gestion mentale.

Nous recommandons aux parents désireux de suivre une formation à la méthode La Garanderie, ou d'en faire suivre une par leurs enfants, de s'adresser à nous pour connaître les centres agréés et nous demander conseil :

Initiative et Formation Centre Thorigny
9, rue Sainte-Anastase
75003 Paris (1) 48.04.59.29 (le matin).

Achevé d'imprimer en avril 1993
sur presse CAMERON,
dans les ateliers de la S.E.P.C.
à Saint-Amand-Montrond (Cher)

Éditions du Rocher
28, rue Comte-Félix-Gastaldi
Monaco

N° d'édition : CNE Section Commerce et Industrie
Monaco : 19023
N° d'impression : 977
Dépôt légal : septembre 1988